本の未来を探す旅

内沼晋太郎＋綾女欣伸 編著
山本佳代子 写真

台北

BOOK
REVOLUTION
IN TAIPEI

朝日出版社

008	Departure	はじめに ／ 綾女欣伸
010	Bookstore	アートブックと展示で空間を作り変え続けていくコンセプト書店 朋丁（ポンディン）／ イーチョウ・チェン
024	Publisher	現代台湾の小さな物語をショップで立体化するライフスタイルデザイン誌 小日子（シャオヅーズ）／ ローラ・リュウ
036	Bookstore	青鳥書店（あおどりしょてん）
040	Publisher	コンテンツの力を第一に販売員が「書店員」になるグローバルストリートマガジン THE BIG ISSUE TAIWAN（ビッグイシュー・タイワン）／ ブライアン・ファン＋ウェイティン・リャン
050	Publisher	新聞という形に新たな可能性を見いだした、時間を編集するメディア 週刊編集（しゅうかんへんしゅう）／ ファインス・リー
058	Bookstore	Waiting Room（ウェイティング・ルーム）
060	Publisher	本の「創作」実験を続けるひとり出版社のパイオニア 逗點文創結社（とうてんぶんそうけっしゃ）／ シャーキー・チェン
072	Bookstore	詩生活（しせいかつ）
074	Bookstore	多彩な「本」のコンテンツで人を読書生活へ引き込むオンライン書店発メディア 博客來（ボーカーライ）＋OKAPI（オカピ）／ ジャネット・ホー＋アゾナ・ホー
085	Bookstore	荒花（あらはな）
086	Publisher	新活水（しんかっすい）
090	Publisher / Bookstore	出版社と書店の両輪で経験を積み重ねる台北独立書店の開拓者 田園城市（でんえんじょうし）／ ヴィンセント・チェン
104	Bookstore	小小書房（しょうしょうしょぼう）

105	Bookstore	閱樂書店（えつらくしょてん）
106	Bookstore	アートと人文の選書で台湾の書店新時代を開いた大型ライフスタイル書店 誠品書店（せいひんしょてん）／ シャイン・リン＋エミリー・ヤン
116	Publisher	台湾との差異の中を泳ぎ回って新視点を見つける日本カルチャー専門誌 秋刀魚（さんま）／ エヴァ・チェン＋ハンク・チョン
128	Bookstore	Mangasick（マンガシック）
133	Bookstore	舊香居（ジョウシャンチュー）
136	Designer / Artist	破格の野性でブックデザインを超えて躍動するアーティスト 小子（シャオツー）
146	Publisher / Bookstore	漢聲巷（ハンシェンシャン）
150	Publisher	写真が語る文化を言葉で探究していくインディペンデント写真誌 Voices of Photography（ボイセズ・オブ・フォトグラフィー）／ ウェイイー・リー＋リリー・チェン
160	Publisher	nos:books（ノス・ブックス）
162	Editor / Cultural coordinator	「素人」の感覚を忘れず日本と台湾を越えてアジアのカルチャーをつないでいく LIP（リップ）／ 田中佑典
173	Book festival	ASIA BOOK MARKET（アジアブックマーケット）
178	Arrival	おわりに ／ 内沼晋太郎
180	My Place In Taipei	私の好きな台北
183	TAIPEI MAP	台北マップ

※本文中の「今年」は基本的に取材時の「2018年」を指しています　※1元（NTD）＝4円で換算しています
※中国語の名称は原則、書名や人名、書店名といった固有名詞にかぎり繁体字で表記しています
※読みについては、「かな」は日本語読み、「カナ」は現地読みとし、任意で表記しています

Departure　　　　　　　Yoshinobu Ayame

はじめに

　いきなり尾籠な話になるけれど、「トイレットペーパーを流さないでください」という貼り紙をトイレで目にして、ああ、台北に来たなと思う。老朽化した排水管が詰まるから、というのが理由なようだが、「心配ないから流してください」とも喧伝されているようで、本当のところはわからない。でもソウルに比べ古い建物が台北に多いのは間違いなさそうだ。古さは雨に映える。そんな年季の入ったビルが身を寄せ合ってどこまでも延びていくかのようなアーケードの下を、雨の中、傘もささずに歩いて行ける台北の街の歴史に感謝する。

　2016年6月、偶然にも「本の未来を探す旅」をソウルで始めた僕たちは台北を次の旅先に選んだ。前回の旅の成果、『本の未来を探す旅 ソウル』を出版する時機にちょうど大阪の北加賀屋で始まった「ASIA BOOK MARKET」（2017年5月）で韓国の独立書店や独立出版社を共編著者の内沼晋太郎さんとコーディネートしたことがきっかけで、その場に東アジアの同朋として集まった台湾の書店・出版社の面々に韓国と通じる、でも何か違った匂いのようなものを嗅ぎ取ったことが視線をさらに南へと向かわせた。2018年2月に主催者チームで次年度の出店者に会いに台北（雨）と韓国（極寒）を旅したのだが、帰国してすぐ台北を取材しようと決めた。もはや東アジアの出版をめぐる旅友となった内沼さんとともに、今回の写真は（田中由起子さんが育休につき）「チーム未完成」の"ぴっかぱいせん"こと山本佳代子さんにお願いした。LIPの田中佑典さんが台湾出版界に築いてきた信頼がなければ、ここまでスムーズに取材アポイントメントは取れなかっただろう。

　過酷な旅であることは変わらない。東京から4時間のフライトの先で、なにせ7日間で20カ所以上、インディペンデントな書店や出版社を訪ねて通訳の方々と一緒に街中をタクシー（初乗り280円ほど）で駆け回る。今回も台湾の代名詞、小籠包や魯肉飯を落ち着いて食べる時間などなく、台湾総統府も故宮博物院も中正紀念堂も視界には入ってこない。それはここ台北の出版界にも「観光」をはるかに超える「胎動」が蠢いているからだ。2018年4月中旬の1週間は、僥倖のようにずっと晴天に恵まれた。

　「ソウルと違う台北の本屋の面白さって、何ですか？」帰国後によく聞かれたその問いを、旅のあいだ僕たちは絶えず自問自答していたと思う。台湾は（国と言って良いのなら）韓国に輪をかけた小国だ。人口は約2357万人（2017年末時点。韓国の人口は約5142万人）で、その1割にあたる268万人ほどが台北に住む。少子高齢化は進み、人口相関型業種とも言える出版業が厳しい（初版部数はたいてい2000部前後）のは同じながら、ソウルと同様、1980年代生まれを中心とする若い世代が自らの力でどんどん本屋を開いては出版社を起こしているのも共通している。興味深いのは両国の「民主化」が同時期に始まり（韓国の民主化宣言と台湾の戒厳令解除はともに1987年）、その後に10代の青春を送ってインターネットに出会い、世紀の変わり目に社会に出て30代に入る前後で独立した若者たちがそのムーブメントを牽引しているという同時多発的な現象だ。その符合はいったい何を意味しているのだろうか。元来が少人口社会の台湾や韓国の「現在」に、人口減少社会・日本の出版の「未来」の手がかりを探る。その試みの中では空間移動がそのまま未来への時間旅行に転じる。

　違いと言いながらもつい共通点ばかりを探してしまうが、取材の途中から、台北の書店主・編集者たちが頻繁に「時間」という言葉を口にすることに気づいた。あるいは経過や蓄積、そのメタファー。対して、ソウルの本屋や出版社を思い返すとき、聞こえてくるのは「実験」の響きだ。書店で働いた経験がなくても気軽に本屋を始める。むしろ異業種の強

008

Departure　　　　　Yoshinobu Ayame

みを活かす。思いついたアイデアはすぐに実行する。しかしその代償というべきか、あれから2年ほど経ったソウルでは、閉店し、休業し、移転する本屋も少なくはなく、それにも増して新しい店もでき、変化の風はますます強まっている。そう、ソウルの本屋を思うとき、いつも一陣の「風」が体を吹き抜ける。

　台北では、「雨」が肌を伝っていく。その流れが時間を描くかたわらで、みな変化を率先して受け入れつつも、10年、20年といった長いスパンで物事を考えようとしている感じがする。豆乳スープと揚げパンを求める毎朝の街の光景が今後何十年も変わらないような気がするのと同じように。タクシーに乗れば「有効期限：民國108年」とドライバーの登録証があって、すでに64年（昭和）や31年（平成）を飛び越えて進行中の年月の行き先を示す。そんな時間と変化を同時に受け入れる空間が、台北では本屋なのだろうか。その実態と真偽は本書の中に探ってもらうしかない。けれど、自国の「顔」のタピオカミルクティーに常に突き刺さるプラスチック製ストローを世界に先駆けて規制していく、というニュースを聞くと、国民性のひとつに「持続性」が染み付いているのではないかと思ってしまう。水溶性かどうかはともかく、建物の未来を考えるとトイレに紙は流したくないのだ。

　再取材をした今年8月の最終日、時間の隙間に立ち寄った美術館を出ると、山々の見える景色の向こう側から雨が足音を立てるようにしてこちらに駆け寄ってくる美しい瞬間に立ち会った。雨は街を一瞬やわらかく洗い流し、数十分後には西日の輝く街路の散乱をさらにまばゆく補強する。そしてまた雨がやって来る。僕たちは何かと未来を先取りする話に忙しいが、循環する自然のサイクルはそんな未来をとっくに包み込んでいる。「時間」を意味する中国語「時光」の中で、時が光を内包しているように。

　台湾生まれ・日本語育ちの作家、温又柔の『空港時光』の中に、台湾を旅しながらも、複雑な家族の来歴に思いを馳せてしまう自分に苛立つ場面が出てくる。「台湾にいる限り、私は祖父母のことを考えずにはいられないようである。何かと時間を遡りたがる。〔中略〕これでは東京の自分の部屋で夢想しているのと変わらない。この旅が、私の夢の一部でしかないのなら、私は何のために日本から台湾にはるばると移動したのだろう」

　「台湾から見た日本」に特化するカルチャー誌『秋刀魚』のエヴァさんが言ったように、本当の交流、そして旅の醍醐味というのは、「相手を通して別の目を獲得する」ことだと感じる。韓国と同じく、台湾と日本のあいだにも意識せざるをえない問題はたくさんあることはたしかだけれど、まずは部屋から、夢から出てみることが第一歩だ。きっと10年、20年と時間が経てば状況は変わっているだろうが、本書には、本の仕事に携わる彼・彼女たちが"いま"何を思い考えているのかを丹念にじっくりと記録したつもりだ。先述のように追加取材に再度台北に赴き、その後の情報も適宜補足している（ため時間がかかった）。

　台湾と日本は違う。韓国とも違う。もちろんそうだけれど、違うのに隣国にも同じような問題がある、だけでなく、その問題を異なる角度から考え解こうとする人たちがいる、とわかるだけでも、どんなに心強いことだろう。一瞬の祭典や博覧会に頼って自国をアピールしたり回顧したりするより、旅を通じてそんな視線を重ね合わせていくほうが基盤になりはしないだろうか。魚自身にとっていちばん意識されないのは水だが（マクルーハン）、水の中で魚が流す涙も外には見えない（王璇）。僕たちはその水だけでなく、その涙をも可視化して、あいだに水路を通していく必要がある。

2018年11月　綾女欣伸

陳依秋 Yichiu Chen イチョウ・チエン

Yichiu Chen　　　　陳依秋

INTERVIEW

アートブックと展示で
空間を作り変え続けていく
コンセプト書店

Bookstore

イーチョウ・チェン / 陳依秋

朋丁（ポンディン）共同オーナー

1983年生まれ　台中出身

台北の新しい独立書店の姿を強く印象づけるのが、本屋も多く集まる中山エリアにオープンした「朋丁」だ。洗練された空間に並ぶアート・デザイン系の本と雑貨。ギャラリーから生まれる人と文化のつながり。ロンドンに留学していたという共同オーナー、イーチョウさんの目に映ったヨーロッパと台湾の文化が溶け合って現前している。インスピレーションの元になったという「コンセプトストア」の概念から話を聞いていった。

自分たちの強みを注ぎ込む、容れ物としての空間

　朋丁（ポンディン）がスタートしたのは2016年の3月です。実は書店を開く計画がきちんとあったわけではなかったんです。きっかけは朋丁の共同出資者であるプロデューサー・中牟田洋一さんとの出会いにさかのぼります。最初はタイのデザイン展で知り合い、その後、台湾で開催される柳宗理生誕100周年の回顧展「Beauty born, not made」（2015年）を製作していた中牟田さんにプロジェクトマネージャーをやってくれないかと声をかけられました。会場の選定から宣伝まで。当時はそれほど日本にも知られていなかった台湾のアートシーンで、その展覧会は大成功を収めました。台湾人のクリエイティブ力にも感銘を受けた彼は、きっと別の形でこのプロジェクトを継続していきたいと思ったのでしょうね。具体的に書店をやろうと言ってきたわけではないのですが、「ほかにも何か面白いことやったら？」って背中を押されたんです。

——その「何か面白いこと」が書店だったのですか？

　私は空間というものについてとても興味があったので、いくつかアイデアを挙げました。ただそのときはまだ漠然としていて、本だけでなくてカフェもあって展示もやって、という今の朋丁のような複合スペースが頭の中にあったわけではありません。ただ、自分たちの好きなものをそこに取り入れた空間が作れるならとても面白いんじゃないかと思ったんです。夫の葉偉榮（イエ・ケンヨン）はずっとプロダクトデザイン（esailaというブランドの創業者でもある）をやっていて、私は特にビジュアルアートに関する本や雑誌が大好きで、ずっと独立出版にも携わっていました。中牟田さんは東京で「CLEAR

014

朋丁　　　　　　　　　　pon ding

イーチョウさんたちが編集していた雑誌
『NOT TODAY』は2013〜2015年まで全6号を刊行。

「LN-CC」は全部で6つのスペースに分かれていて、
「Library & Music Room」には本が並ぶ。

EDITION & GALLERY」というギャラリーをやっていて、海外アーティストのコネクションがある。だから、私たち3人の強みや経験を活かしながらプロジェクトのようにして共同で立ち上げ、自分たちの好きなもの（書籍、デザイン、展示）を継続的に注ぎ込める容れ物＝空間が、朋丁という書店だったということです。実際、朋丁での最初の3回の展示は中牟田さんが日本やフィリピンのアーティストを紹介してくれたことで実現しましたが、空間のデザインや配置、取り扱う本のセレクション、展示やイベントのディレクションは私たち2人で行ないました。

―― 少し話が戻りますが、イーチョウさんは以前に出版活動もしていたんですか？

留学先のロンドンから帰って台北で友人3人と「waterfall」という小さな出版社を始めて、そこから『NOT TODAY』というアート雑誌を発行していました。2013年の冬から2015年の夏まで、全部で6号出しています。「空間」に対してアイデアや創造力を持っている人を毎号取り上げ、その空間と人との関係を誌面で伝えました。オフィスを構えた出版社というわけではなく、仲間と一緒に起業した出版プロジェクトのような感じでしたね。共同出資で、代表は今はシンガポールに住む友人でした。

―― 朋丁はとても素敵な空間ですが、初期の資金はどうやって集めたんでしょうか？

政府（文化部）の補助金を使ったりはせず、最初は私たちと中牟田さんとで半分ずつ資金を出し合いました。『NOT TODAY』も補助を受けていたし、書店開店のための補助金があることも知っていたのですが、申請しませんでした。毎年度末に1年の収支計画表を提出するなど手続きが面倒ですし、まずは自分のやり方を試してから、と思ったからです。中牟田さんは融資したかたちなのでリターンは必要ないですが、初期費用はいずれ返さなくてはなりません。つまり私たち3人が朋丁の共同設立者で、中牟田さんはいわば初期のサポーターでありメンターのような立場です。

内装は夫と一緒に作り上げていきました。私は台湾で大学を卒業したあとに5年ほどロンドンに留学して写真や出版について学んだんですが、そのときにギャラリーやアートスペースを見るのが好きで、空間のアイデアはその頃に蓄積されていったんだと思います。当時は書店であれ服屋であれ「コンセプトストア（概念店）」とうたうのが流行っていました。

たとえば「LN-CC」というロンドン北東部の服屋。荒涼とした辺鄙な場所にあるのですが、服だけでなく本も並べていて、東ロンドンのアートブック店Donlon Booksのオーナーが選書しています。服は高価で自分にはとても買えなくても、空間から排除されない感覚があって印象的でした。あとはオランダのアントワープにある「RA」。この店も空間の作り方が面白くて、飲食スペースには椅子の代わりに2段ベッドと布団が置かれている。小さい頃に妹と2段ベッドで寝ていたのをヨーロッパで思い出すという不思議な経験をしました。簡単

**自分たちの好きなものを
取り入れた空間が作れるなら
とても面白いんじゃないか。**

015

Yichiu Chen　　　陳依秋

waterfallはその後（左から）「History」「Invisible」「Food」など毎号テーマを変えた本のシリーズを発行。

な工夫で新しい感覚を与えられるんですね。最後にロンドンの「Matt's Gallery」。当時、若くて無名なアーティストが多数ここで実験的な展示をやっていましたが、今では彼らもヨーロッパ現代アートの重要人物になり、この空間で展示しに戻って来ます。ほかにも倉庫や鉄道の高架下、駐車場などでアート展示がよく行なわれるイギリスの環境は、見たこともないものをたくさん発見できる大きな遊園地のようでした。

　当時は自分が店を開くなんてまったく考えていませんでしたが、ひとつ強調したいのは、朋丁はこうした海外の面白い物や空間を台湾に持ち込むためだけに開いたのではない、ということです。店そのものというよりも、こうした小さな空間を通じて表現されるエネルギーや考え方が開店時の養分になりました。学んだのは「この広い世界に制限というものは存在しない」ということ。ただ単に1軒の書店やギャラリーを開くのではなく、その背後にどんな価値やストーリーを持たせられるのか。朋丁は海外に窓を開きつつも台湾というローカルに根づいた、相互的な空間であるべきだと思っています。外国の人が訪れたときにもっと台湾のことを知ってもらえるスタート地点にもなりたいですね。

——店を開くのにどうしてこの中山エリアを選んだんですか？

　かなりの時間をかけて台北中を探し続けた先に、ネットでこの場所に出会いました。5〜6年ほど誰も住んでいない空っぽの状態だったんですが、初めてこの空間を見たときにアイデアがたくさん湧いてきて可能性を感じました。3階建ての各フロアで違うことができるのも良いと思った点です。こうして中山エリアに開いたのは縁ですね。たしかに近辺は住宅街でほかに店もないんですが、中山駅や台北駅から遠くはなく、来る人からすると近くて遠いような場所。普段から街歩きで来るようなところじゃないけれど、いったん朋丁を知ったらそれほど遠くないと気づくはずです。

　改修前の建物内はボロボロでした。でも、変な間仕切りもなく空間としてきっちりしていて、何より昔の建物ならではの窓を私たちはとても気に入りました。さすがに工事は大工さんに頼みましたが、設計は相談しながら私たちで決めていきました。

　いちばんこだわったのは、書籍の棚や平台を1階入口すぐの目に付くところに配置したことです。カフェカウンターは奥にしました。空間を運営していく最中でギャラリーや雑貨やカフェ部分は有機的に発展していくと思うんですが、書籍はそのどれとも関係性を生み出していけます。物質として本が人に与えるインパクト自体は強くはないので、最も目立つところに引っ張り出してきたというのもあります。外から大きなガラスウィンドウ越しに、まずは本がたくさん目に入ったらいいなと思って。私が独立出版物にすごく興味があるので、個人出版の雑誌やアーティストブックも力を入れて置いています。2017年の10月に改装し、今は2階がイベントやワークショップもできる雑貨売り場になっていて、3階がギャラリースペースです。

書店は自由で多元的で開放的な空間であるべき

——海外の出版物も多数取り扱っていると思うんですが、本はどうやって仕入れていますか？

　世界各国の店ごとにメールして直接仕入れています。もちろん国ごとにまとめて仕入れたほうが楽なのですが、独立出版社（者）の多くにはまだそういった卸業者がいないので、直

朋丁　　　　　　pon ding

陶芸作家・陳向榮の作品集『FOOD POSE』は
nos:booksから出版され、朋丁でも展示を行なった。

接のやり取りです。独立出版物につきまとう、全世界で起きている問題ですね。ただ、東京のtwelvebooksのようにヨーロッパを中心とするアートブックをまとめて卸してくれる業者もわずかにあります。

　仕入れる本のだいたい7割が買切で3割が委託です。最初の取引は売りたくても売れる確証がないのでまずは委託で交渉して、感覚が掴めてきたら買切に切り替えます。日本の書店に対しても同じだと思いますが、twelvebooksの場合はほとんど買切で基本的に返品はなしです。以前は仕入れメールだけのやり取りだったのが、昨年の台北アートブックフェアで話が盛り上がって3階で展示を開催しました（2017年10〜11月「攝影集快閃書店」）。サイ・トゥオンブリーやフランシス・ベーコンなど、twelvebooksの濱中さんが選んだ海外の珍しい写真集や出版物、作品やポスターを展示し、朋丁価格で販売しました。盛況で本もたくさん売れたのですが、展示後に精算して売れ残ったものは持って帰ってもらいました。

—— 取り扱う本をセレクトするときに何か基準はありますか？

　編集者時代に何度もカメラマンに取材するほど私は現代写真がとても好きだったので、オープン時には写真集を中心に写真に関連する独立出版の本や雑誌などを多く並べました。といっても100冊ほどしかなかったですが（笑）。でも次第に台湾で独立出版物が好きな読者が目に見えて増えていることに気づいていきました。さらには来店客からの「この本ってないですか？」「この本注文してもらえませんか？」といった要望に応えていくうちに、書店という場所に対する大きな渇望やニーズも実感していきました。その結果、本の種類がどんどん増えていって、写真が中心の本屋ではなくなっていったんで

す。今では常時店内に500〜600タイトルは置いていて、これまで累計でおよそ1500タイトルは売っていますね。

　そうは言っても、セレクトの主軸は変わりません。個人が制作する独立出版物、もしくは中小規模の出版社が発行している書籍や雑誌です。今では毎日のように持参する本を売ってくれないかと人が相談しに来ますが、私は選り好みせず、だいたいの話を受けています。なぜなら、それが書店とセレクトショップの違いだから。セレクトショップは店主の好みのテイストを表現する場だと思っていて、書店もそういう側面はあるのですが、私としては主観的な自分の嗜好を前面に押し出すことはしたくない。書店は自由で多元的で開放的な空間であるべきだと考えています。店主個人の視野だけだとその空間がどんどん狭まっていくと思うんですよね。世界はとても広く、書店には世界の多様性を取り込むポテンシャルがあると思います。それを受け入れられるのも、軸となるものを打ち出してこそ、ですけれど。

　夫婦間の役割分担について、書籍の仕入れや展示企画など経営全般については私の担当で、夫のケンヨンの仕事は主にメンテナンス部分というか修理などの肉体労働ですね（笑）。彼は目標があれば真っ直ぐ突き進むストレートな人間なので、じっくり思考すべき経営判断や目標設定については私が決めています。といっても私が考えすぎて躊躇しているときに彼がパッと推し進めてくれることがあるので、とても良い役割分担かなと思っています。

—— 朋丁にはどんなお客さんよく来ますか？

　デザインや「芸文」（アートと文学）に関係のある人や関心のある人および学生たち、あとは展示会をする人ですね。こ

Yichiu Chen　　　　　　陳依秋

水島貴大『Long Hug Town』出版記念の写真展（2018年10月）。

李響と呉東龍の合同展「否定的語言」（2018年9月）。

こで売っている本はチェーン系の書店ではなかなか出会えないので、本のコレクターも来店します。海外からのお客さんも多く、全体の3割ほどでしょうか。週末によくいらっしゃいますね。ベルリンにある有名な独立書店「do you read me?!」の記事で読んだのですが、書店経営は世界中どこでも大変ながらも、彼らの収益の大部分は海外の客からだそうです。朋丁は当初、台湾の読者を意識して店づくりをしていたんですが、自然と海外の方も来るようになったので、台湾か海外かと客層を分けたり限定したりする必要はないとわかってきました。

——とはいえ、こういったアート・デザイン系の本はベストセラーのように飛ぶように売れる、というわけではないですね。ギャラリーの入場も無料ですし、どうやって書店経営を成り立たせているんでしょうか？

　売上の比率は書籍とギャラリーが同じくらいで、カフェはそれより少ないです。たしかに最初の頃は本がなかなか売れなくて、ネットでの宣伝に力を入れていました。この場に来てもらって、かつ本も買ってもらうためのプロモーションはかなり苦労しましたね。でも意外かもしれませんが、書店部門の売上の伸び率は決して悪くない状況で、現に収入は安定して少しずつ伸びているんです。

　ギャラリー部門は作品販売のマージンと場所代という収入があります。私たちのスタイルはただ単に場所を貸した対価としてお金をもらうのではなくて、最近ではコンサルティングやコラボレーションの要素が強くなってきました。展示内容を一緒に相談しながら計画していきます。基本的に展示は月に1回、3階で開催します。当初は2階も展示スペースで、同じ期間に別の展示をすることもあったんですが、毎週末のオープニングにたくさんポストしてとなると私たちも疲れてしまって、読者にとってもちょっと情報量が多すぎるので、月に1回の展示にもっとフォーカスしようと路線変更しました。

　書店とギャラリー、この2つがつながる場面も多々あります。頻繁に展示をし続けていると、興味を引かれて来場者も多くなります。出版社と共同で行なう刊行記念といったトークイベント（最大70人が来場）によっても来店が増え、それは展示するアート作品や書籍の購入へと間接的につながります。日本がどうかはわからないんですが、台湾の人はイベントに参加するのが好きです。面白い展示をずっと企画し続ける必要があるので、運営上の労力が増えるのは事実なんですが……あっ！　そういえばオープン時の取材ではいつもこう答えていました。「朋丁は街角に隠れたスーパーミニサイズな個人美術館でありたい」って。

　（いま話している）この2階はもう少しリラックスしてイベントを行なえる場所で、ワークショップをしたり、大きな場所を借りられない人たちにショーケースとして貸し出したりもしています。そういうフレキシブルな空間を目指しているんです。かつては1階の左側には本ではなくテーブルとチェアしかなかったのですが、今は本を置いています。来店する人からもっと本はないの？と聞かれ、私ももっといろんなタイトルの本を見せたいと思ったから。せっかく作ったこの空間に人が定期的に来るようにしたかった。月に1度、あるいは2週間に1度、今度は何をやっているのかな？って覗いてくれるように。

——オープンして2年と少し経ったわけですが、そのあいだに朋丁という書店に何か変化はありましたか？

2階では雑貨を販売し、ワークショップやイベントもここで行なわれる。

結婚式で余った生花を再利用して小さなアート作品を作るワークショップ「Re:compose/再解構」(2018年2月)。

Yichiu Chen　　陳依秋

イーチョウさんおすすめのロンドンのアート雑誌『Terrible People』第2号。台湾はおろかアジアで買えるのは朋丁だけ。

台湾の若手デザイナー・張簡士楊のブランド「只是（ZISHI）」のグッズは大人気。右は名刺入れ。

　この書店もまだ2歳の赤ちゃんでしかないのですが、お客さんの年齢層を若い人以外にもさらに広げていけたらいいなと思っています。もっと購買力のある層を引き込めたら。私は編集者出身なので、当初はこの空間全体を1冊の雑誌のようなものと見立てて、その中身を編集していけばいいのではと考えていました。シーズンごとに本や展示やイベントを組み替えれば店が毎回違う姿で立体的になり、多くの人を惹きつけるんじゃないかと。ただしそれは見せ方の問題で、今は経営者としての視点と考え方が深まっています。独立出版する人たちが本を作るだけではなくその売り方まで考えなければならないように、朋丁もまずは私の好きなスタイルを軸にしつつも、いかにこの空間を盛り上げていくのか、人を巻き込んでいくのか、もっと考えを進めていかなければなりません。つらい作業ですが、その過程に楽しみがあります。

――「空間を雑誌のように編集する」ことの延長として、今後自分たちで出版することも考えていたりしますか？

　朋丁のオリジナル商品を作らないのか、自分たちで出版をやらないのか、どこかでイベントを主催しないのか、2号店を出さないのかなど、いろんな人から今後について質問されます。聞かれてはじめて、まだ自分の足元も固まっていないことにハッとしたりするんですが、それは人から期待されている証でもあるので、常に刺激を提供しつつ応えていかなくてはと思っています。いま私たちが展示でサポートしているアーティストたちと将来、朋丁としての出版物や作品を作れたらいいかもしれませんね。『NOT TODAY』は6号やりきった感があるので、今後何かやるとしたら別のものを。ただ、この雑誌を通じて知り合った人たちのおかげで今の場所に来れたと感謝しているので、出版にはずっと関わっていくと思います。

独立書店は街の独自性を測る指標になる

――自分たちの影響で周囲が変わったと実感したりすることはありますか？

　変化を起こしたなんて言える立場にはないのですが、ここ1〜2年で確実に書店という存在がより身近に人々の生活の中に出現するようになったと感じますね。本を買うときの選択肢として誠品書店といった大型書店だけでなく、独立書店が自然に浮上しています。日常の中にさまざまに点在する小さな書店が普段使いの存在になっていくのは、とても良いことだと思います。あとこれは願望なんですが、朋丁が本を通じた創造的生活のプラットフォームになればいいな、と。先ほど言ったように、自分たちのテイストを色濃く打ち出す場というよりは、多種多様な人たちがここに来て感情が湧き上がり、「これをやりたい」というアイデアが閃いてはつながっていく、そんな空間を作っていきたいです。実際に今までの展示やイベントはそんな成り行きで始まったものも多いですから。

――台北で今そうした独立書店が増えているのはなぜだと思いますか？

　再度、独立書店が増えているのはとても良いことだと思います。市場が広がっていることを意味しますし、自分の住むエリアに小さくても本屋があれば遠くに行かずとも本が買えます。ただ、若い人たちが理想を持って店を開くのは良いことに違いないですが、現実的に、はたして本当に経営が成り立つ

朋丁　　　　　　　　　　　　pon ding

レジ前のカゴ内で多少傷んだ本が特別価格で販売されている。

蔡賢臻のプロジェクト「和平製品／Paixpro」の展示「1992八年」。ZINEや大量のスケッチ、ポスター以外にも、彼が選んだ本を並べた。

のかどうか、継続していけるのかどうかは疑問ですね。新しくできた書店が市場を支えられずに終わるのだとしたら、それはもっと危惧すべきことです。なぜなら独立書店は街の生活の指標でもあるからです。以前「ある都市のユニークさは独立書店の数でわかる」と聞いて、なるほどと思いました。多様な書店がある街には、グルメや買い物以外の、訪れる選択肢が増えます。とはいえ、書店経営が難しいのはみんなすでに知っていることですね。自分の店だって、常に薄く張った氷の上を歩いているような感覚です。それでも、書店は多ければ多いほど良いという意見は揺るがないけれど。

──本屋以外の選択肢もたくさんあるはずなのに、若い人たちが本屋という生業を選ぶのはどうしてでしょうか？

　どうしてなんでしょうね……（笑）。本と何かを組み合わせた複合的なブックスペースといったものに若い人たちが今後の発展性を感じ取っているのかもしれません。たくさんお金を持っていなければ本屋を開けないというわけでもないし。確かなビジョンがひとつと、小さな空間さえあれば、開くことはできる。そこに自分が好きな本を並べることができて、好きなアーティストを紹介することができる。もしくは自分で作品を発表することができる。いわば、小さなショールームですね。こういう書店ならではの空間展開の特質に、みんな可能性を感じるんじゃないでしょうか。
　昨年のASIA BOOK MARKET（注：2017年から毎春、大阪・北加賀屋で開催されるブックフェア。台湾、韓国、香港の出版社や書店も集まる。本書著者の2人は主催側として韓国の出店者をコーディネート。→173ページ）でも話したんですが、台湾には独立書店が共同で本を注文するための組合「独立書店連盟」があります。扱う本が人文書メインのため私たちは結局参加しなかったんですが。独立出版社が集まった「独立出版連盟」という団体もあって、こちらは代表の1人でもある逗點文創結社のシャーキー（→60ページ）がよく知っていると思います。毎年2月に開かれる台北国際ブックフェアは高い出店料のため小さな出版社がなかなか参加しにくかったのですが、最近は独立出版連盟の十数社ほどが共同で出店していますし、今年は中華文化總會が出版する雑誌『新活水』の編集者でもある女性が「MAKE A ZINE」というキュレーションブースを出していましたね。流れが変わってきています。

──朋丁に置いてあるようなアートブックを楽しむライフスタイルを持たない人のほうが世間には多いと思いますし、そもそも高いから買わないという人もいます。もっとアートブックを買ってもらうために、どんな方法があると思いますか？

　そうですね、結局は人によると思うんですが、最近試している新しい方法があります。少し前に2階のスペースで台湾の若いグラフィックデザイナー・蔡賢臻（ツァイ・シェーゼン）の展示を行ないました。彼のZINEやポスター、「10年間毎日絵を描き続ける」プロジェクトのスケッチなどを展示したのですが、空間がまだ余っていたので彼に1階から本を選んできてもらって一緒に並べました。初めて朋丁以外の人に選書してもらっ

人が来て感情が湧き上がり、アイデアが閃いてはつながる、そんな空間を作っていきたい。

021

提供するコーヒーには台北三大カフェと言われている「引路咖啡／Pharos Coffee」の豆を使用。プラスチック製ストロー廃止の動きが広がるなか、再取材時にはさっそくガラス製ストローで提供していた。

たわけですが反響が良く、今後もこうした展示と本との組み合わせを試していこうと思います。

本という遅いメディアには時間が必要

　イベントを開いたり、本をきれいに撮って著名人にコメント付きでSNSにポストしてもらったり、という本の薦め方はよくありますが、最近思うのは、1人の人間に本当に本を好きになってもらうためには結局、時間のかかる方法がいちばん効果がある、ということです。毎日猛スピードで情報が流れてくるデジタルメディアに比べれば、本というのはますます遅いメディアになっています。今日店に来たお客さんが必ずしもその日のうちに本を好きになるわけでもない。でも本にぴったり合う空間の中でささやかでもトークを行なったり、一部の人にしか読まれなくても一生懸命ネットに本の紹介文を書いたりと、本の内容を伝える地道な機会があってこそ、「この本こそ自分に必要なんだ」と人は本を探し出して手に取ってくれると信じます。即効性ある目新しい方法というものは転がっていなくて、昔からあるやり方でもそれをしつこく長期的に続けていくべきだと考えています。

　それでも、新しいテクノロジーやメディアを活用してみたいとは思っています。リアルとネットの空間をうまく融合して朋丁という場所を広げたい。すでにオンラインストアはあるんですが、まだ自分たちの理想には達していないんです。将来的にはアプリなんかも導入して読者が本に触れる機会を増やしていきたいですね。先行事例だと、たとえば台湾には「Open Book」という、コンテンツすべてが本に関連するウェブメディアがありますし、ロンドンには「stack」という、毎月7ポンド（約1000円）を払えば世界中から毎回異なる独立雑誌がセレクトされて1冊届くオンラインの購読サービスがあります。「stack」はサイト上の雑誌紹介動画やインタビュー記事も面白い。私たちが目指す方向性としては同じです。

—— 読者との交流にあたってメンバーシップを作ってコミュニティを強化したりはしないんですか？

　そのテーマはずっと考えているんですが、セール特典や誕生日割引みたいな一般的な会員制度だけを採用したくはないんです。現状やっているのは登録者にニュースレターを送ったり、Facebookで新しい情報を発信したりしつつ、朋丁の

朋丁　　　　　　　　　　pon ding

「水たまり」の現場となった屋上で撮影した朋丁のショップカード。

サイトに展示など開店以来のアーカイブをしていくこと。どちらかといえば記録の役割です。今はまだ情報を蓄積している過程だと思っていて、将来そこからどんな果実が生まれるのかは不明です。フリーペーパーかもしれないし、アーティストとコラボして作る本やプロダクトかもしれない。早く試してみたいアイデアはたくさんあるんですが、時間やお金や人員といった制限と折り合いをつけながら、ゆっくりと着実に計画を立てて考えていくのもいいかもしれないと最近では思っています。アイデアをアイデアだけで終わらせない試練ですね。

── じっくり時間をかけて、ということですね。

　同じような考えから、海外のブックフェアに参加して絶えず人々と交流しています。そこで初めて朋丁のことを知った世界各国の読者や書店関係者が私たちの店について興味を抱き、実際に行ってみようと思ってくれることもある。本の売上に直結する出会いばかりではないけれど、そうした交際を積極的に蓄積していこうと思っています。
　お客さんがいつ行っても安心できる、半永久的にスタイルが変わらない店ってあると思うんですが、なぜだか朋丁は常に変わっていないといけないような気がしているんです。まるで擬人化した「朋丁」が不変を受け入れないかのように。朋丁のロゴは水たまりをイメージしていて、名刺では反射するフィルムで印刷しています。英語で"ponding"は「水たまり」ですね。オープン前の改装時に台風が来て屋上に大きな水たまりができたんですが、それを見て名付けました。水漏れを一通り心配したあとに、水って人に似ているなと気づいたんです。
　朋丁の空間も最初から決まった形があるわけではなくて、人がそこに集まることによって絶えず水のように自由な形に変化していく。そんな「水たまり」の持つ含意がすごく気に入りました。"ponding"を"pon"と"ding"とに分解して、それぞれの音に画数が一番少ない漢字を当てました。「朋」は「友だち」、「丁」は「人力」の意味です。朋丁という水＝空間は人の集合体によって成り立っていて、その流動する力学によって常に変化を続けていく。そんな願いを込めて、「人」に関わる語の組み合わせにしたんです。

── 先ほども「継続」という言葉が出ましたが、**本屋は始めるより続けるほうが難しい、とはよく言われることです。朋丁を今後も長く続けていくためにもっとも大事だと思うのはどんなことでしょうか？**

　時間、が大事だと思います。その場所で長く続けていれば自ずと経験も蓄積されますし、時間をかけてはじめてできることもある。半年、1年という短期間ではできなかったことが、継続して可能になる場合もあると思います。おそらくお二人がほかにインタビューする書店の方たちは私たちよりもずっと長く続けている先輩たちでしょう。そうなると正直、苦労話や小さな問題みたいなものは、長い実践の積み上げによって掴んだものの背後に引っ込んで、副次的な話題になっていく。そんな境地に到達できるように、私たちも常に変化しながら、常に新しさでもって読者に応えながら、10年、20年とこの店を長く続けていきたいと思います。

朋丁　pong ding
台北市中山區中山北路一段53巷6號
TEL 02-2537-7281　営業時間 11:00-20:00
定休日 毎月最終月曜　http://pon-ding.com/

023

Laura Liu
劉冠吟 ローラ・リュウ

小日子
—
c'est si bon

小日子の公館店の2階に編集部のオフィスがある。

公館店1階では小日子オリジナルグッズやセレクト雑貨も販売。向かいにカフェが見える。

026

Laura Liu　　　劉冠吟

INTERVIEW

現代台湾の小さな物語を
ショップで立体化する
ライフスタイルデザイン誌

Publisher

ローラ・リュウ / 劉冠吟

小日子（シャオヅーズ）発行人

1982年生まれ　台北出身

「台湾で有名なライフスタイル誌を立て直した敏腕社長がいるんです」と話を聞いていた。明るい店内に入ると、中国語の印刷されたかわいらしいバッジやステッカーに、つい手が伸びる。すると上階から、茶目っ気たっぷりな女性が降りて来た。『小日子』のローラさんが行なったのは雑誌本体の改革よりも、それを売るための環境づくり。コンテンツをより魅力的に見せるためにはどうすれば良いか、ブランド運営の秘密を探った。

ショップという入口から雑誌に入ってきてもらう

　『小日子（シャオヅーズ）』という雑誌の創刊は2012年ですが、私が入ったのは2015年です。それ以来、ずっと「発行人」を務めています。台湾だと発行人はだいたい会社の出資者を意味していて、つまりそのとき私が『小日子』を買い取ったということです。大学では文学を専攻し、卒業後は記者として働いたあとに、鴻海精密工業という台湾の大手電子機器メーカーに移って広報（スポークスパーソン）の仕事をしていました。今年（2018年）がちょうど社会人10年目なんですが、ずっと「自分のやりたいことをやろう」と思って働いてきました。記者でも広報でも、私が好きな「人のストーリーを伝える」という役目に変わりはないのですが、自分が興味を持って取材した内容について完全なる自主権を持てる仕事として、『小日子』を選んだんです。これが本当に自分のやりたかったことなんだ、って。

　雑誌編集の仕事は元からのスタッフと一緒に実地で学んでいきましたが、当初からずっと「編集長」というポジションはありません。今は4人いる『小日子』の編集チームは各々違う役割を担っているので、関係性がフラットなんです。対外的にも私の職分は「発行人」だと言っています。

——ローラさんが加入して、不振に陥っていた『小日子』を立て直したと聞いたのですが、具体的に何をやったのでしょう？

　紙媒体を読む人が減少していくなかで私たちのような紙の雑誌を続けていくためには、まずビジネスモデルを多元化する必要があると考えました。だから雑誌そのものについては増収のプレッシャーもなければ期待もしていませんでした。出

小日子　　　　　　　　c'est si bon

取材は台湾大学の近くにあるメイン店の公館店で行なった。

『小日子』には毎号段ボール紙の付録（To Doリストやカレンダー）が挟まる。

　版部門の収支はトントンであれば十分で、とにかく他のさまざまなビジネスをうまく取り入れながら『小日子』をブランド化することがまずは第一なんだ、と。その第一歩として、こうしてショップを開いたんです。

　『小日子』の読者層の中心は18〜27歳と年齢が若く（第2の読者群は40〜45歳の結婚しない独身族）、いわゆるスマホ世代です。傾向として人は若ければ若いほど本や雑誌をあまり読まなくなりますが、その代わり、街をぶらぶら歩いたり買い物したりするのは好きです。ただ雑誌を発行するだけでは彼らの生活圏には出現しませんが、ショップを開けば私たちを知ってもらい、興味を持ってもらう入口になります。だから店のビジュアルも彼ら若い層を意識したものにしています。実際、ショップを始めてから雑誌の売上が増えました。店に客が入ってくれさえすれば、雑誌は買わなくとも雑貨や衣服を買っていってくれます。店に雑誌よりもそれ以外の商品を多く置いているのはそのためです。こうした過程の中で『小日子』のことを少しでも知ってもらえればいいんです。「物を買う」という行為を通して「雑誌を読む」ハードルを下げるという狙いもあります。すべては『小日子』を続けるために、です。

　売上の悪い企業をテコ入れする際、人件費をカットしたりそのほかのコストを縮減したりして生き残りを図るケースもあるかもしれませんが、そんなことをすれば製造物の品質にも大きな悪影響を与えます。特にメディアの場合、それは顕著です。だから雑誌制作の人件費的な部分は何も削減していません。その本体の知名度をさらに上げるために、ほかの方法でどうお金を稼ぐか、それを考えなければならないのです。

——『小日子』を買い取る前からそういう可能性を見越していたんですか？　どうして買い取ることにしたのでしょうか？

　理由を聞いてもとてもつまらないと思います（笑）。もちろん『小日子』は好きで読んでいたんですが、社長がもともと私の友達だったんです。創刊当初は売上も良かったのですが、台湾全体を襲った不景気の影響で翌年2013年から販売量が落ちて、当時は雑誌の出版事業のみだったために、赤字になりました。本業があった彼は出版事業をたたもうとしましたが、インディペンデントで立ち上げてまだ2年しか経っていない『小日子』を廃刊するのは惜しい、と私は思いました。とにかく早く処理したかったようなので、売値もすごく安かったんです。でも、買い取り時に今後の方針や計画はまったく考えていませんでした。ただただもったいないから、自分ができることを思案するよりも、とにかく『小日子』を続けるために私が引き受けようと決めたんです。さいわいにも、会社にあった借金は一昨年に完済し、昨年からは黒字経営に転換しました。

　『小日子』の発行部数は2万部です（2016年の第55号から定価100元→125元に値上げ、100頁→116頁に増ページ）。半分は台湾で売り、残り半分は中国、香港、シンガポール、マレーシアの中華圏向けです。今年は日本語版も出す予定で、過去のコンテンツから日本人向けにセレクトして収めます。ショップにも日本の方はよく来て『小日子』もたくさん買っていってくれるので、最初はなんとなく読めるのかなと思っていたんですが、やはりそんなことはなかったみたいで（笑）。中身も楽しんでもらえるよう、日本語版を作ります。

——『小日子』という雑誌を人に説明するとき、どんなふうに表現しますか？

　月刊誌『小日子』の読者は「文青」（「文芸青年」の略。文学、映画、音楽、写真、デザインやカルチャーが好きな若者。

Laura Liu　　　劉冠吟

かわいらしいイラストにウィットのある言葉が添えられた
人気のオリジナルステッカーは1枚25～30元（約100～120円）。

とりわけ特集タイトルが目を引く
第68号「失戀後的日常練習」(左)と第72号「我厭世 我存在」(右)。

こだわりのファッションやライフスタイルを持っている）だと世間では言われていますが、そうじゃないと思っています。『小日子』を説明するなら「台湾生活常民誌」、つまり「現代台湾の日常生活」を記録し保存する庶民のための雑誌、でしょうか。誌面の中心にあるのは「生活」で、食べ物や流行している物事や現象など、台湾での生活に密着した小さなことを扱っています。たとえば、台湾の夜の過ごし方を特集した号（第54号「當城市睡着了 我們還醒著／After the Dark」2016年10月）は結構売れました。別の街に移住すること（第38号「生活在他方／La vie est d'ailleur」2015年6月）や台湾でおなじみのオートバイ（第73号「騎著歐兜麥 寫下青春摩托車日記／The Motorcycle Diaries」2018年5月）など、メイン読者層の20～40代が興味を持つ内容を掲載しています。特集記事は小説のように「我」で始まる一人称で書かれているので、読者は自分のことのように物語の中に入れるんです。

『小日子』は「享生活誌 Life Design Magazine」ともうたっていて、自分の生活をどうしつらえ、どう運用していくか、それを提案する媒体だとも言えます。誰かの生活を見ることで、自分の生活を見直す。私たちの読者は他人の生活を覗くのがとても好きですが、それがアフリカやブラジルを旅する、みたいなユニークなものでなくてもいいんです。知りたいのはあくまでも、日常生活の中でほかの人がどうやって毎日を営んでいるか。それについて自分のスタイルを持っている人たち

を取材し、バッグが破れたらどう直すか、夜眠れないときにどこに行くか、といったことを聞きます。『暮しの手帖』に似ているかもしれないって、前にお会いしたときに言いましたよね？

言葉を選び抜いて、文体に人格を持たせる

――『小日子』で面白いと思うのは、「失戀後的日常練習／After Love」といった特集名のように、言葉を選び抜いて使っていると感じられるところです。

　毎号の表紙に入る特集名とリード文は、発売までに100回くらい変わります。編集スタッフみんなが自分の案を持ち寄り、それをお互いにぶつけ合いながら練っていきます。ほかの雑誌や新聞と違って、『小日子』というメディアには人格が語っているような文体があります。その声の風合いを掴むのが自分たちでもすごく難しいんです。ふさわしくない言葉はみんなすぐにわかりますから、何回でも直します。「厭世」の特集号（第72号「我厭世 我存在／Dear Life」）では台湾の若者がよく使う「小確幸」の対義語として「小確厭」という造語を考案しましたが、付録（段ボール紙）のTo Doリストの最後に「別傻了,你什麼都不會完成的（バカだね、どうせ何も終わんないんだから）」と皮肉も混ぜて入れてみました。人気のステッカーは、コーヒーのイラストの横に「咖啡再苦也沒人生苦（どんなにコーヒーが苦くても人生ほどではない）」、革靴の下に「我不是在上班 就是在上班的路上（出勤しているのではなく、出勤の通り道にいるだけだ）」などと書いてあります。

――雑誌のそういうコンセプトや基本方針は、ローラさんが入る前からのものですか？

> 知りたいのはあくまでも、
> 日常生活の中でほかの人が
> どうやって毎日を営んでいるか。

公館店正面。

華山店は2018年6月にリニューアルした。休日はいつも多くの人でにぎわう。

そうです。創刊時のデザイナーは聶永真(アーロン・ニエ)。今ではもうすごく売れっ子ですね。だから、私が入ったときにはすでに雑誌のスタイルは半分確立されていると感じました。細かな部分でのマイナーチェンジはありますが、基本的にはそこからほとんど変えずにやってきたんです。ですけど、2016年に内容の方向性とレイアウトデザインを大きく変えて、大幅なリニューアルを施しました。月に1冊の『小日子』も、その2016年でちょうど4年目で、独立出版でやっている雑誌の中では長く続いているほうです。初めからの読者もきっと成長していると思ったので、以前は軽やかで愉快なものばかりだったテーマや内容を、失恋(第68号「失戀後的日常練習／After Love」)や厭世・無気力(第72号「我厭世 我存在／Dear Life」)といった、ちょっと重いけれど現実的なものも扱うようにシフトチェンジしました。この時代のリアルな苦悶や情感をも表すために。

表紙と中身のデザイナーも、台湾ビールのリニューアルを手がけた「空白地區」の彭星凱に変えたんですが、彼もそのあと人気が出ました。私たちのデザインを担当すると売れるみたいですね(笑)。最近また交代して3人目(張溥輝)です。レイアウトを変えたのは、後半に新しい項目を増やしたから。写真家の特集や社内編集のコラム、デザイナーのスタジオ紹介、といったページ。掲載する写真の枚数はほぼ変わらないんですが、それまで全体的にページあたりの文字の比重が大きかったので、写真を大きく入れて視覚的に緩めました。

——ショップのほうについて話を聞きたいと思います。いちばん最初に始めたお店はここですか?

はい、この公館店が1号店です。2016年の9月にオフィス移転とともにオープンしました。延吉店、赤峰店、華山店と、ほかに3つあって全部で4店舗ですが、どの店も違っています。いちばん完全なのはここ、公館店ですね。雑貨をたくさん置いていて、『小日子』のバックナンバーが全号揃っていて、向かい側のカフェではいろんなドリンクが飲める。この上が私たちのオフィスです。近くには台湾大学があって、この辺りは学生街なんです。東区(延吉街)にある2号店の延吉店は客層が

小日子　　　　　　　　　　c'est si bon

店内に貼られた映画『Love, サイモン 17歳の告白』のポスター。

カフェのドリンクメニューは40種類近くと豊富で、1杯25〜75元（約100円〜260円）。

違います。界隈には銀行が多く、飲み物屋の激戦区。ドリンクで勝負して生き残れるのか試してみたくて始めました。カウンターだけの小さな店で、雑誌はついでに置いているくらいですが、家賃は最も高い店舗です。（その後、2018年9月に延吉店は永康街に移り、2階建ての永康店としてリニューアルした）。

3号店の赤峰店は中山駅と雙連駅のあいだ、赤峰街にあります。古い民家と町工場が交錯する昔ながらの街並み。そんな台北を象徴するエリアで店をやってみたかったんです。店内は10坪前後であまり広くなく、雑誌とドリンクを売っています。とってもかわいくて、個人的にはいちばん好きな店舗。4号店は華山1914文創園区内にある華山店です。観光客と若者が多いスポットなので、ここに店を出すと知名度がすごく上がります。公館店の双方のフロアを足したくらいの広さで、カフェと雑貨・雑誌販売をやっています。『小日子』読者の半分は中国人なので、華山店ではバックナンバーがとてもよく売れる。絶版になる号も出るくらい効果が絶大なんです（2018年10月には小日子初の台北以外の店舗「台南神農店」を台南市の神農街にオープン）。

—— 事業全体の売上の中で、雑誌販売と店舗経営の比率はどれくらいでしょうか？

今はほぼ同じですね。私の中での業態の分け方は、「雑誌／雑貨／ドリンク」なんですが、売上は3分の1ずつです。雑貨とドリンクは今後ますます伸びると思っています。ショップを始めたことで、雑誌の売上だけでなく広告収入も増えました。街中で店が繁盛しているのを見た企業が広告を入れてくれるようになったんです。ブランド化に成功したという証だと思い

ますが、ふつうは雑誌部門に計上する広告収入も、ショップのおかげだと捉えられる場合は店舗部門のほうに入れています。今では店そのものが広告媒体としても機能していて、たとえばそこに見える『親愛的初戀（Love, サイモン 17歳の告白）』という映画ポスターは全店舗に貼っています。これも広告収入源になっていますね。

実はリアル店舗に先行してネットショップを始めていました。そこでどんな商品が実際に売れるのかをチェックしてから、店を開いたんです。ネットショップの売上はすべて雑貨部門に計上しています。節約のため、商品は全部店内で撮影していて、モデルも全員店員です。編集スタッフは4人でやっていますが、ショップのほうは多いんですよ。正社員は5人ですが、学生アルバイトなどすべて含めると25人です。

—— 「人のストーリーを伝える」という意味で、雑誌の仕事は前職とつながっていたと聞きましたが、カフェや雑貨販売の経験はなかったと思うんです。どうやって始めたんですか？

まずはひとつずつ自分たちで始めてみたんですよ。誰かを特別に雇ったわけではありません。最初に雑貨を作って、それをネットショップで売ってみて、そのあとでリアルな店を開く。『小日子』の作る雑貨はすべて自分たちのオリジナルです。実際やってみると、商品を作るのは簡単だなと思いました。自分を消費者の身に置いて、この商品にはどんな機能がほしいか、いくらまでならお金を出せるか、そういったことを考えればいいので、とてもシンプルなんです。アイデアやデザインも「好き嫌い」を基準にすれば、ある意味明確です。

商品制作で難しいのはメイドイン台湾を徹底することのほうです。そこにこだわるのは単純にこれまでの経験から台湾

033

Laura Liu　　　　　　劉冠吟

小日子の大人気グッズはボールペンで、累計3万本を販売。
「もう少しはっちゃけてしまおう」など、ここにも印象的なフレーズが。

台湾の果物を入れる段ボールを再利用して作られたノート。

製の品質が高いと思っているから。でも私たちの商品は大量生産するわけではないので、台湾内で工場を探すのが難しい。中国で作るとなると品質をコントロールできなくなるし、そういったものを好まないお客さんもいます。『小日子』の雑貨は可能なかぎり台湾で作っていますが、バッグのいくつかはコストがかかりすぎるので中国で製造しています。そうしないと買ってもらえる価格にできないからです、とお客さんには説明しています。

「読まれる」ためにあらゆる手段を実行している

　カフェのほうはゆっくり模索していきました。私もカフェがすごく好きで、大学時代は4年間『50嵐（ウースーラン）』（注：台湾で有名なタピオカドリンクチェーン店）でアルバイトをしていました。もともと興味があったんです。まずは人材探しから始めて、コーヒーを淹れられる26歳の若者を店長にして、いろんな農家から仕入れた豆をオフィスのキッチンで一緒にブレンドしていきました。ドリンクメニューの開発はたしかに最も苦労しましたね。すべてオリジナルレシピで、台湾産の野菜や果物を使い、飲む人がそれらを直接農家から買えるように使用素材を明記しています。

—— 店舗経営にも成功している雑誌って日本だとあまりないと思います。メディアがショップを展開するときに気をつけるべき点は何ですか？

　繰り返しですが、私が引き継いだ時点ですでに雑誌そのものは成功していると認識していました。存続が不可能になる要因は外部環境にあると見定め、もともとの『小日子』のスタイルを壊さず、むしろ、より完璧にしていく方向で考えたんです。この公館店を開いた際には読者からも「商業的だ」という声が上がりましたが、そういった批判は当然出てくるものと覚悟していました。創刊当初の『小日子』は、広告も少ない独立出版の雑誌で、とてもクリーンだったと思うんですよ。でも雑誌を存続させるためには、あえて一歩を踏み出さなければならない、と私は決意しました。そういう手段としての商業化は悪いことではないのですが、気をつけるべきは、醜くなってしまったら間違いだということです。だからショップも、雑誌の質感と同じように雰囲気が良くて美しくなるように強く意識しました。読者が店に足を踏み入れたとたん、『小日子』が立体化して目の前に現れた、と感じてもらえるように。

　商品制作もたしかに収入源を得るためですが、それが自己目的化しないよう、常に雑誌との関連を考えています。中国の人たちにも『小日子』は人気なのですが、私たちは繁体字でコンテンツを作ることにはこだわっていて、誇りも持っています。台湾の現代生活を記録するのが私たちの仕事ですからね。なので、これまでの商品全部に印刷されているのは繁体字です（刺繍ピンバッジには「快樂的廢柴（たのしい廃人）」など）。すべてはあくまで雑誌の世界の延長上にあるものだと思っているので、雑誌が繁体字で展開している以上、グッズもそうなるのは当然です。

　来店した若いお客さんが「この店って雑誌も作ってるんだ」と言ってくれることがあります。本と店のどっちが先か、私たちにとってそれは重要ではありません。店に通ってくれればいつか雑誌の存在を認めてくれると信じているからです。それこそが、ショップを始めた第一の理由。本というメディアにとっていちばん大事なのは、人に読まれるということです。私たちは「読まれる」ためにあらゆる手段を実行しているだけです。

034

小日子　　　c'est si bon

公館店のカフェの中には椅子席もある。

――ローラさんのようなビジネスの感覚があれば、いつかもっとほかのこともやってみたくならないでしょうか？

そうですね……。私は何事も始めるときには達成したい範囲を決めていて、そこに到達するまでは投げ出さないようにしています。先ほど言ったように中国の読者もいる『小日子』を、いつか中国大陸でも作って発展させてみたいという気持ちはずっとあります。それさえも達成してしまったら、やりたいことがなくなってしまうかもしれませんね（笑）。いま台湾との関係にいろいろある中で中国から何度か投資の話も来ていますが、やるなら自分の力でと思っています。台湾での仕事が落ち着いてきたら、ですが。仕事は毎日同じことの繰り返しだと感じるときもありますが、やっていないこと／やりたいことを思い返すと、まだまだ走り続けることができます。（『本の未来を探す旅 ソウル』をめくりながら）そういえば、韓国と台湾の出版業界の違いは何だと思いますか？

――韓国の特徴はトライアンドエラーのスピード感だと思います。すぐやって、ダメだったらすぐやめる。一方、台湾はしっかり続けていくことにより価値を置いている印象があります。

そうかもしれませんね。昨年取材してくれた日本のメディアの方も「台湾人は短期間ですぐ結果が出なくても忍耐して続けられる」と言っていました。日本人と韓国人はダメみたいって、本当ですか？　あと、私たちの店で出すドリンクはお茶が50元（約200円）といったようにすごく安いのですが、「どうして椅子まで置いてるんですか？」と驚いていました。日本だとこんなに安い1杯で長居されたくないのに、台湾ではそれを許容している、というわけですね。私としては、台湾人はどこかのんびり、ゆったりしていて、回転率を気にしないだけだと思っています（笑）。

――台湾の人にはそういった長い時間の感覚が自然と染みついているのかもしれませんね。「持続性」と言い換えてもいいかもしれないですが、『小日子』をこの先も長く続けていくために大切なことは何でしょうか？

目先のことだけに視線を落とさず、自分の心の中の理想に目を向けることだと思います。現実的な生活一辺倒だと人は挫折してしまう。走っているときにずっと足元の石や泥を気にしていると走るのが嫌になってしまうと思いますが、ゴールが遠くにきっとあると信じて走っていると自然と顔も上向き、足がどんどん前に進んでいきますよね。台湾人が運気的なものをすごく信じているのも持続性に関係しているかもしれません。今の現状がダメだとしても、私のツキがまだ回ってきていないだけだ、と思う。もし真剣にずっと続けていれば、運だって自分に向いてくるものだと私は思っています。あ、私の似顔絵を描くならちゃんとキレイに描いてくださいね（笑）。

小日子 公館店
台北市中正區羅斯福路四段52巷16弄13號
TEL カフェ 02-2366-0294　ショップ 02-2366-0284
営業時間 12:30-21:00

小日子 華山店
台北市中正區八德路一段1號（華山1914文化創意產業園區）東1A館
TEL 02-3322-1520　営業時間 11:00-21:00

小日子　http://www.oneday.com.tw/

035

青鳥書店 Bleu&Book

元ニュースキャスターが「番組」として表現する書店

　取材に行く直前「NewsPicks」のある記事を目にした。「店主は元ニュースキャスター」で「2017年の1年間だけで132回の対談や講演を開き、内容はネットで生放送された」。韓国のソウルにも「唐人里（タンインリ）本の発電所」という、元アナウンサーが店主でイベントも行なう本屋があるのを思い出し、急遽インタビューを申し込んだ。蔡瑞珊さん（サンサン）が店主の青鳥書店は、週末は特に人でにぎわう華山1914文創園区の2階にある。

　オープンは2016年の10月1日です。その前は2012年に共同で創業した閱樂書店（→105ページ）を運営していて、本屋の世界に入って6年になります。青鳥書店は完全に私の店です。もともとはCTS（注：台湾の3大テレビ局の1つ）というテレビ局で教育・ニュース・バラエティ番組の司会を10年務めていました。プロデューサー兼アナウンサーといったところですね。

――テレビの仕事をやっていて、どうして本屋を開くことになったんですか？

　勤務10年目の年に『巷弄裡的那家書店（路地裏のあの本屋）』という、書店を舞台にした恋愛ドラマをマーケティングリーダーとして制作したんです。このドラマのために台湾全土の独立書店200店を回って40店を撮影しました。長らく番組制作を続けてきて初めて賞（台湾の放送文化賞「金鐘獎」）も受け、反響も大きかった。このドラマの撮影場所がのちに閱樂書店として開業することになります。創業を支援する株主の1人となり、店長として経営にも参加しました。開店3年目に誘ったのが今は『新活水』編集長も務める張鐵志さん（→86ページ）で、1年かけて一緒に店を黒字化させました。

　その過程で、番組企画としてではなく一から自分の書店を

036

青鳥書店　　　　　Bleu&Book

「時代感」の社会学選書コーナー、マルクスの『共産党宣言』、坂口安吾の『堕落論』やロラン・バルトの『表徴の帝国』が見える。

作ろうと決めました。働くうちに自分がすごく本屋が好きだということに気づいて、これを一生の仕事にしたいと思ったんです。もともと下にあったスターバックスの倉庫として使われていたこの空間がもったいないと思って、ここに本屋を開くことにしました。この周囲にのみエレベーターが付いていて、華山1914文創園区内では唯一の新しい建物です。

　ずっとプロデューサーをやってきた私からすると、番組を作るのと本屋を作るのは同じだと思いました。なので、この本屋も本を使って作られるひとつの番組、「本媒体（Book Media）」だと考えています。青鳥書店には私のほかに本を選ぶ「選書人」が9人いて、その彼らが夜に行なうセミナー（イベント）の司会も担当しています。昨年行なったイベントは132回なので3日に1回のペースですね。番組に広告があるように、イベントのあとに本の宣伝を入れます。

　そう、ちょうど2週間前に文創園区の別会場で大きなイベントをやったんです。『新活水』編集長の張さんと『週刊編集』編集長のファインスさん（→50ページ）の対談で、雑誌をどちらか買わないと入場できないイベント。数量限定とうたって特典にポスターを付けました。その第3部では私も司会を担当し、結果、250人が参加して2時間で400冊売れました。

——すごいですね。本をすでに持っている人もいると考えると、イベントを有料でやって最後に本を売るというかたちが一般的かと思うのですが、そうしないのはどうしてですか？

　以前はそういう方式でやっていたんですが、昨年10月に400人も参加したイベントで売れた本が10冊だけだったことがあって。こんなにたくさん人がいるのに本を支持してくれないなんて、と思ってやり方を変えたんです。夜にここで行なう

イベントも基本的には著者の本を入場料にしています。たとえば先週日曜にも台湾で有名な美食家・韓良露に関連するイベントを開催しました。夫が亡き彼女を回顧する本『謝謝你跟我説再見』を出版したので、その刊行記念イベントです。そのときは2人の本のどちらを買っても入場できるようにしました。でも、ドリンク1杯分の入場料を取るイベントもやっていますよ。実際はそっちのほうが1冊の本を売るより利益率が高いですから。

　それでも書店の本質は本を売ることなので、いろんなメディアの力を活用して本そのものをもっと売るよう努めるべきだと思っています。台湾の書店も不景気だと言われますが、私たちは今月2000冊ちょっとの在庫のうち1000冊を売りました。大きな書店だと大したことない数かもしれませんが、小さな本屋ながら仕入れた2冊に1冊は売れたことになります。うちでは大型書店のように割引販売はしていないので、青鳥書店の選書にお客さんがついてきてくれている証拠だなと実感しているところです。購入された本にはオリジナルのブックカバーを付けているんですが、これは日本の書店から学んだんですよ。

——となると、どんなふうに本を選んでいるんでしょうか？

　10人それぞれが違うジャンルを担当します。たとえば入口近くの建築系の本を選んだのは建築界の代表的人物、大学でも教えているコラム作家の李清志で、すぐそこにある社会学系の本は台湾大学教授の李明璁が「時代感」というテーマで選びました。デザイン系は『GQ』台湾版編集長の杜祖業、政治系は「ひまわり学生運動」出身の政治家、科学系は科学サイトの編集長がセレクトしています。大学で中国文学を専

蔡瑞珊　　　　　　　　　　Shanshan Tsai

サンサンさん初の著書『我會自由，像青鳥一樣』の帯には「2018年2月28日までに青鳥書店で1冊買うとコーヒー1杯無料」とある。

三角窓から店内に光が差し込む。

攻していた私は文学系の担当です。

　選書についてはFacebookの「青鳥選書人」というメッセージグループ上でリストを共有しています。その選書に対して自分たちで類書を仕入れて、本が売れたら追加する。「選書人」はみな忙しいので会議はオンラインですが、それぞれ頻繁に店に来てくれますよ。番組っぽいのは彼ら選書人の映像でしょうか。各人がどうしてこの本を選んだのか、選書の理念を「時下行者」というタイトルで青鳥書店のFacebookサイトに上げています。10人10通りのカラーで、平均して1万回以上のクリック数がありますね。基本的に選書料はないのですが、選書人たちにはときどき謝礼をあげています。みんな本をすごく愛していて、私がちゃんとやってくれさえすればいい、って言ってくれるんです。彼らは本業の稼ぎも良いですから（笑）。

――韓国のソウルにも元テレビアナウンサーが経営する本屋があるんですが、キャスターあるいは映像制作の経験が役立った取り組みはほかにありますか？

　えっ、ほんとですか!?　なんだか、うれしいですね。今年の10月初旬に4日間、台北・高尾・屏東の3つの地で「華文朗讀節」（Wordwave Festival）という読書と朗読のイベントを開催するのですが、これは私が企画・プロデュース・司会者を担当し、青鳥書店が主宰です。書店の企画力とメディアでの活動をつなぎ合わせ、合計で121ステージ、185名の文化人が参加します（結果、ネット中継の視聴者とリアルな参加者は40万人を超えた）。また、閱樂書店と青鳥書店の両店で培った企画力で、今年はほかに3軒書店を開く予定です。独立書店には店主の個性が色濃く反映されるものですが、私が重視するのはプロフェッショナルの選書力です。この7月に新しくオープンするのは建築専門の書店で、国父紀念館を設計した著名建築家の王大閎、彼はもう101歳なんですが、復元された彼の自宅の向かいに作る書店を私がプロデュースします。この店で有名な建築家を数人、本の選者として立てます。来年はさらに2軒開く予定で、4月には故宮博物院近くに「山」をテーマにした書店を開きます。でもあくまで自分のベースはこの青鳥書店であって、新しい店はほかの人の夢をかなえる感じですね。経営はしますが、人を育てるのが趣旨です。

――いま本屋の仕事以外に何か副業はしていますか？

　司会の仕事は今も個人的に継続していますが、本を売るためなので無償で引き受けています。私にもうひとつ職業があるとしたら、作家ですね。昨年2017年末に初めての自著『我會自由，像青鳥一樣（私は自由になる、青い鳥のように）』を出版しました。ニュースキャスターを辞めてから本屋を開くまでの経緯を振り返りながら、私の考えを記しています。

――台湾でいま独立書店が増えているのはどうしてだと思いますか？

　台湾に200軒ある独立書店を回ってみてわかったのは、どの店のオーナーも一種の社会運動として、理念を持って運営しているということです。台湾に限ったことではないと思いますが、彼らはきっと直接的な政治的行為の代わりに、テーマのある内容の本を選ぶことで自分の考えを読者と社会に伝えているんだと思います。これも、この青鳥書店をメディアだと言った理由ですね。私の理念は単純で、「あらゆる思想が発見されるように」。自分ではこの店を独立書店ではなく「自由書

店」だとうたっていますが、視界の開拓は手伝っても、ある特定の思想に固まらないことを大切にしているんです。

　あそこに三角窓がありますよね？　実は三角窓が好きな建築家の安藤忠雄さんの影響を受けていて、彼が語った次の言葉を私は経営の幹にしています。「人間にとって本当の幸せは光の下にいることではないと思う。遠くに見据えたその光に向かって懸命に走っている、その無我夢中の時間の中にこそ人生の充実があると思う」

——それは「青鳥書店」という名前にも関係していますか？

　はい。オスカー・ワイルドはこう言っています。「世界には大きな悲しみが2つある。1つ目は、手に入れたものが自分のほしかったものではないと気づくこと。2つ目は、ほしいものがわかっているのに永遠に手に入らないこと」。手に入った／入らないということよりも、手に入れようとする過程そのものを味わうことこそが「手に入れる」ことだと私は思っていて、その象徴が「青鳥」です。『青い鳥』という童話も、幸福の青い鳥をさんざん探した結果、もともと家にいた鳥が実は青い鳥だったという話ですよね。幸せは本当は今ここの身近に存在していることを教えてくれます。

——そういう場所としての本屋を続けるために、大事にしていることはありますか？

　本屋の本業は本を売ること。この原点を忘れてはいけないと思います。本屋は本のために存在し、本は読まれるために存在します。人が「読む」という行動を起こすかぎり、本屋は永遠に存在していくもの。私はすごく楽観的ですね（笑）。でもそれは、開店以来の周囲のサポートがあるからこそ。とても幸せなことです。

青鳥書店　Bleu&Book
台北市中山區八德路一段1號玻璃屋2F
TEL 02-2341-8865　營業時間 10:00-21:00
https://www.facebook.com/bleubook

039

Fines Lee+Brian Huang+Waiting Liang
ファインス・リー＋ブライアン・ファン＋ウェイティン・リャン
李取中＋黃銘彰＋梁維庭

THE BIG ISSUE TAIWAN

週刊編集　大誌雑誌＋The Affairs

Brian Huang+Waiting Liang　黃銘彰＋梁維庭

INTERVIEW

コンテンツの力を第一に
販売員が「書店員」になる
グローバルストリートマガジン

Publisher

(左) ブライアン・ファン / 黃銘彰
1993年生まれ　嘉義出身

(右) ウェイティン・リャン / 梁維庭
1995年生まれ　高雄出身

THE BIG ISSUE TAIWAN
(ビッグイシュー・タイワン) 編集＋販売担当

路上生活者自らが手売りして生活の糧にするストリートマガジン『THE BIG ISSUE』は日本でも駅の出入口などで見かけるが、台湾のそれを見たときは最初同じものだとわからなかった。それくらいデザインが違う。洒落たカルチャー誌のような佇まいなので、純粋に中身を読みたい気持ちに駆られる。華山1914文創園区から道を渡ってすぐ、NYにありそうなカフェPaper St. Coffee Companyの上にあるオフィスを訪ねた。

路上で毎月3万5000部を手売りする

ブライアン:『THE BIG ISSUE TAIWAN』は1991年にイギリスのロンドンで創刊された、路上で販売される雑誌『THE BIG ISSUE』の台湾版です。販売員は路上生活者（ホームレス）が中心で、売上の半分が彼らの収入となって生活を立て直す一助となります。台湾版では心身障害者も販売員として採用しています。名称の権利を取得した各国の会社（や団体）がそれぞれ独自に編集部を持っていて、日本や韓国、南アフリカなど、今ではイギリス以外の5カ国にわたって同様のスタイルで各国版を発行しています。アジアで最初に始まったのは日本版で、2003年に創刊されました。ちなみにイギリスの創刊者（の1人のジョン・バード）もホームレス出身で、自分たちのような人に仕事の機会を与えることこそが生活の立て直しにつながるという理念から、『THE BIG ISSUE』そのものが始まっています（注：台湾版は定価100元のうち50元が、日本版は定価350円のうち180円が販売者の収入になる。2018年11月現在）。

　台湾版が創刊されたのは、2010年4月1日です。私たちの代表（総編集）、李取中（ファインス・リー。→50ページ）が雑誌づくりと社会貢献を組み合わせた事業を行なえないかと考えていたところ、とある日本の雑誌で『THE BIG ISSUE』の取り組みを紹介する記事を見つけて「これだ！」と思ったそうです。すぐに台湾で最も有名なグラフィックデザイナーの1人、聶永真（アーロン・ニエ）に表紙のデザインパターンを作ってもらって、ジョン・バードのもとに直接提案しに行ったところ、2009年に無事に権利を獲得することができたんです。

　台湾版創刊号の特集は「愚人時代／Stay hungry. Stay foolish.」だったので創刊日に4月1日のエイプリル・フール（愚

042

THE BIG ISSUE TAIWAN　　　大誌雜誌

記念すべき創刊号。買うとポスターが付いてきた。

人節）を選びました。読者層を20〜35歳に設定し、何も恐れるものがなく、勇敢に自分の夢を追い求め続ける世代だと捉えました。そういう人たちを「愚人」だと決してバカにせず、応援しようという特集です。「Stay hungry. Stay foolish.」は、『Whole Earth Catalog』からスティーブ・ジョブズが引用したことで有名になった言葉ですが、私たちはこれを「保持飢餓，保持未知」と訳しました。「探求心を持ち続け、知識を追求しよう」という意味で、『THE BIG ISSUE TAIWAN』の創刊精神を表しています。

　『THE BIG ISSUE TAIWAN』は毎月発行、この2018年4月で97号を数え、現在まで8年間続いています。最初の2年は運営の仕方を模索していましたが、その後は経営面も比較的安定していて読者からの反響も良く、雑誌の販売収入だけで会社を回すことができています。隔週刊の日本版とは毎回見本誌を送り合っていますよ。

——それはすごいですね。収入の内訳を教えてください。

ブライアン: 8割は販売、2割は広告による収入です。広告に依存しがちな一般的な雑誌とは真逆だと思います。販売による収益は販売員に還元されるので、ずっとこの収益モデルを維持したいですね。発行部数はずっと伸びていて、2016年頃に3万部を突破し、以降は3万〜3万5000部で安定しています。この数字は台湾の雑誌市場ではかなり多いほうで、これを超えるのは一部のファッション雑誌くらいでしょうか。

——どの国でも最初にこの『THE BIG ISSUE』の仕組みが受け入れられるまでが大変だと思うのですが、どのような工夫をしましたか？

ウェイティン: どちらかというと販売員に受け入れてもらうことのほうが苦労しました。ホームレス支援に関連する施設や協会・団体といった政府機関に協力をお願いして、このような仕組みが必要だと思われる人々から先に少しずつ認知を広めていったんです。一般への認知と販売については、まず創刊記念イベントを開催しました。趣旨に賛同してくれた映画プロデューサーの李烈や音楽プロデューサーの林強といった著名人の口から壇上で仕組みについて話してもらい、それをマスコミに取材してもらうことで大きな宣伝になりました。その後も、2号目でミュージシャンのA-mei（張惠妹）、5号目では女優の桂綸鎂など、台湾で人気の芸能人を表紙に起用するたびに話題が増幅していきました。なので、消費者に受け入れてもらうのはそれほど難しくなかったんです。最初の3号は同じく著名なデザイナーの王志宏（ワン・ツーホン）に、その後はアーロン・ニエにロゴと表紙をデザインしてもらっていて、雑誌がデザイン的に優れていることも手に取りやすい理由になっていると感じています。

——表紙デザインにはその通りの強いこだわりが見て取れます。そもそも「THE BIG ISSUE」というロゴ自体がイギリス版のものと違いますが、統一したルールはないのでしょうか？

ブライアン: 日本版のロゴだってオリジナルとは違っています

雑誌づくりと社会貢献を組み合わせた事業を行なえないかと考えていた。

043

Brian Huang+Waiting Liang　　黃銘彰＋梁維庭

蒼井優が表紙を飾る第39号（2013年6月）は今では在庫切れ。

日本と台湾の『THE BIG ISSUE』比較。判型もデザインも大きく異なる。

よね。『THE BIG ISSUE』の編集権・販売権は各国独立なので、ロゴに関しても本国からは何の干渉も受けていません。現在使っているロゴはアーロンが作成して2013年9月にリニューアルしたものです。

　もちろん表紙も毎回台湾オリジナルですが、制作にかなりの力を割いています。海外のアーティストに依頼することも多く、たとえば日本だとイラストレーターのNoritakeさんとは最新（取材時）の第97号も含めて3回仕事をしましたし、写真家の奥山由之さんや濱田英明さんにも台湾まで来てもらって、こちらの著名人を撮りおろしてもらったことがあります（それぞれ第81号、第13・46号）。逆に、女優の蒼井優さんを取材するために台湾の写真家を日本に連れて行って、撮った写真を表紙にしたこともあります（第39号）。

　著名人を起用するといっても、商業的すぎたりトレンドに寄りすぎたりする表現は好まず、より芸術的で文化的な品質を保つように努めています。ヨーロッパのアーティストも起用しますが、日本のアーティストによる作品は台湾ではすごく歓迎されます。作るのは大変ですが（笑）、表紙の出来は販売部数に大きく影響するので、それなりにコストをかけても良いという判断なんです。いちばん売れたのはエマ・ワトソンが表紙になった第73号（2016年4月）で、1度増刷しました。いちばん売れないんじゃないかと販売員から言われたのは第94号（2018年1月）のAGI（国際グラフィック連盟）特集号です。表紙の顔が隠れているから、って（笑）。

——中身もオリジナル記事の比率が大きく、力が入っていると感じます。どんな体制で作っているんですか？

ブライアン: 体制はとてもシンプルで、編集者は編集長（『週刊編集』と兼任）のファインスと編集デスク（主編）の僕との2人だけです。あとはデザイナーと広告営業、運営がそれぞれ1人ずつ、販路の開拓や販売員との連携がウェイティンともう1人。スタッフは全部でこの7人で、ほかにアートディレクターのアーロンがいますが彼はあまりここには来ないです。ちなみに僕は大学の法学部生のとき（2016年）にインターンで働いてそのまま社員になり、今は大学院を休学中です（注：その後、ブライアンはシンディー・フー／胡士恩に交代）。

ウェイティン: 私は大学で社会学を学んだあと、昨年入社しました。うちのスタッフはだいたい20代。編集長以外は（笑）。

ブライアン: それで、『THE BIG ISSUE TAIWAN』の中身はほぼ100％、台湾オリジナルのコンテンツです。INSP（International Network of Street Papers）という、『THE BIG ISSUE』と同様の仕組みで制作されている世界中の雑誌（ストリートペーパー）にコンテンツを提供して助け合うネットワークがあるんですが、僕たちはそれをほとんど使っていません。より読者に寄り添った、自分たちなりの企画を記事にしたいので。欧米や日本、トルコやアフリカまで、世界各国にいるライターを僕たちが独自に束ねて、記事を寄稿してもらっています。コンテンツの3分の2はこうした外部ライターによるもの、3分の1は社内編集部によるものです。

同情やチャリティに訴えるよりも、内容で勝負したい

ブライアン: 台湾版の特徴は、各国の『THE BIG ISSUE』と違って、ライフスタイルや芸術・文化方面の記事に力を入れている点です。毎号「00」～「05」まで6つの章立てがあります。「00 Feature」は特集で、ここがいちばん力を入れる部分。最新号（第97号）は「"HEY JUDE"給你的一首歌（君

044

THE BIG ISSUE TAIWAN　　　大誌雜誌

目次ページ。

に贈る歌）」。この曲はポール・マッカートニーがジョン・レノンと前妻との子、当時5歳だったジュリアンを励ますために贈ったものです。このエピソードをもとに、濱田英明さんやNoritakeさんなど日本人も含む9名が自分の子供や次世代に贈る曲を選び、その理由についての文章を歌詞全文に添えています。ほかのライフスタイル誌やカルチャー誌と違う自分たちの特徴をどう表現するか、毎回何度も議論しています。世界中のクリエイターとコラボすることが多いのも特徴ですね。毎号の表紙、毎年出しているカレンダーだけでなく、いま言った毎号の特集やコンテンツにおいてもです。そうすることで国のボーダーを突破しようと試みているんです。

「01 Issue, Affair, Idea」は時事的な国際ニュースで、ここは外部ライターによる寄稿記事を翻訳したもの。台湾では海外についての報道が少ないので、このページは読者からも喜ばれています。「02 Business Tomorrow」はビジネス、「03 Culture Related」はカルチャー、「04 Design for All」はデザインをそれぞれテーマとしていて、いずれも話題は台湾内に限定せず、海外まで対象を広げています。この前の1月号（第94号）ではAGIを特集したのですが、オランダや日本にも取材しました。「05 Edits」は編集部が選ぶその他の記事で漫画なども掲載し、最後に販売員のストーリー記事で締めくくります。

──雑誌としてのクオリティの高さと、それを手に持って売る路上販売員とのあいだにギャップというか、温度差があったりはしないんでしょうか？

ブライアン：私たちはまず雑誌自体が人を惹きつけなければならないと考えています。だから表紙が何よりも重要。人がそれを買いたくなるような衝動を与えることを意識していて、入口としてまずは表紙に興味を持ってもらい、自然に、あるいは主体的に販売員に近づいてもらうことが大切で、同情から購入してほしいとは考えていないんです。雑誌を長期的に続けていくためには、あくまで内容の質を気に入ってもらうことが大事。今まで安定的に経営できているのは、多くの読者が表紙に目を引かれて購入し、内容に満足してくれるからで、決して同情やチャリティが支えているのではないと思っています。

ウェイティン：表紙を美しいものにすることで、販売員に対して持たれている誤ったイメージを一新させたいという側面もあります。クリーンな印象を与えるために販売員にはオレンジの制服も配っていて、キャップとバッグがセットです。

私たちは毎月、販売員を集めたミーティングを開いていて、編集長が最新号の表紙や中身についてプレゼンします。正直、紹介されているアートやカルチャーは販売員の生活には直結していないので、彼らには重要なポイントだけを押さえて説明します。それをもとに各販売員は自分たちでディスプレイを工夫したり、ポスターを作ったりします。販売員が路上で読者に「この号は音楽特集」と言う以上の踏み込んだ話ができないことは現状の課題ですが、このミーティングの場が彼らにとっても新しいものに触れる機会になっています。たとえば先ほどの「HEY JUDE」特集号では、会場で実際にビートルズの曲を流しました。中にはきっと人生で初めて聞いた人もいたと思うんですが、良い曲だと評判でした。こういう機会を重ねていくことが、ただの「説明会」を超えて大切だと思っています。

いま販売員の売上は毎月1万5000元（約6万円）ほどになっていて、最も売上がある人で5〜6万元（約20〜25万円）です。そこまで行けば部屋が借りられるので、もうホームレスではありません。売上を左右するのは販売員の「出勤状況」と「接客」です。雨にも風にも夏の暑さにも負けず、朝10時から

045

バックナンバーの数々。追加取材時は中央下の第101号(ボブ・ディラン特集)が最新号。

046

THE BIG ISSUE TAIWAN　　　大誌雜誌

販売員のオレンジ色の制服が目を引く。

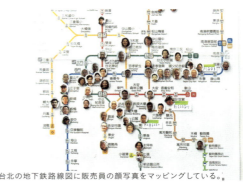
台北の地下鉄路線図に販売員の顔写真をマッピングしている。

夜10時まで街角で読者がやって来るのを待ち続けて毎月600〜1000冊売る人もいます。長く続けていれば読者も顔を覚えてくれますし、性格が活発でキャラクターが際立っている販売員はすぐに自分の常連客を作ってしまいますね。いちばん重要なのは、やはり忍耐力とやる気。時間を投資すればリターンが得られやすい仕事だと思います。

　誤解されやすいのですが、私たちのほうから販売員に対して積極的に通行人に営業活動をするように推奨はしていません。表現が苦手な販売員に対しては、街行く人の注目を浴びるよう宣伝用のグッズ（細長いポスターや最新号のラミネートなど）を私たちで用意して渡しています。以前レコード会社と提携して宣伝用にCDサンプルを同封した号を販売したことがありましたが、そのときはよく売れました。

――収入が増えて路上生活者でなくなっても、販売員の仕事を続けられるんですか？

ウェイティン：販売員の多くは70〜80代とかなり高齢です。この仕事以外にはなかなか長期的な仕事を見つけられないので、家に住めるようになっても原則的に辞めてもらったりするようなことはしないんです。販売資格については最初からそれほど厳しく規定していなくて、物理的に家がない人もいれば、何らかの事情があって実質的に帰る場所がない人もいて、広義のホームレスや心身障害者を募集し採用しています。私たちのほうも彼らのことを単に、仕事の機会を与え社会的に支援するだけの対象だとは考えていません。彼らも私たちと同様に毎日8時間、ときにはそれ以上働き、労働の対価として収入を得ています。屋外で長時間にわたって雑誌を売るこの仕事は、もともと決して楽な仕事でもありませんよね。なの

で、厳密にいま路上生活の状態にあるかどうかといったことは、採用にあたってそれほど重視してはいなんです。

　今のところ販売員は100人にまで増え、台湾東部以外のほとんどの都市にいます。台北市内には60人。毎号巻末に販売場所と日時の一覧を掲載しています。あまり増やすと1人あたりの売上が下がってしまうので、人数の調整は難しいですね。もちろん辞める人もいるので、およそ3カ月に1回程度、求人を出しています。直接の応募のほかに社会福祉団体からの紹介もあり、毎回3〜5名が新たにやって来ます。こちらから断ることはほとんどなく、研修を通じてこの仕事の適性を自分で判断してもらいます。雑誌が売れなかったらとても不安定な職種ですし。

――『THE BIG ISSUE TAIWAN』にとって販売員はある意味とても直接的な「書店」だと思うんです。そういう人の力に委ねる部分が大きな体制にとって、大事なものは何ですか？

ウェイティン：彼ら販売員のモチベーションを維持することが何より大切です。販売員には何時から何時まで販売するといった決まりはなく、本人の健康や精神状態に合わせて自由に任せています。なので毎号巻末に掲載している販売日時は、販売員が自分のエリアを観察したのちに、これなら販売できると判断したものです。そこでモチベーションが下がってしまうと雑誌は単なるお金儲けの道具になってしまい、積極的に雑誌を売ろうとする帰属意識を失ってしまいます。もう月末で売れないから販売しに行くのはやめよう、とか。

売上を左右するのは販売員の「出勤状況」と「接客」です。

047

Brian Huang+Waiting Liang　　黃銘彰＋梁維庭

Vita Yangが描いた『THE BIG ISSUE TAIWAN』初期の寄稿ライターたち。

エマ・ワトソンが表紙の第73号（2016年4月）は、最も売れた号のひとつ。発売後すぐに完売し、増刷が決まった。

　そうならないためには雑誌を売ることについて各人が新鮮な気持ちを維持してくれることも必要ですが、2〜3カ月に1回は私たちが販売員の売っているところを訪問して状況を見てくるということもやっています。そのときに雑誌が売れていれば、次のミーティングで雑誌を追加でプレゼントします。彼らからすると表彰されているような気分になるようです。訪問時には彼らが今、誰とどこに住んでいるかといった現況もヒアリングします。会社、つまり私たちが販売員一人ひとりの生活に関心を抱いているということを感じてほしいからです。

まずは雑誌の中から議論や価値を喚起したい

ウェイティン：会社とのあいだだけでなく、読者との関係性も販売員の仕事を左右します。毎号同じ場所で買う読者は販売員と常連客のような関係になるので、たとえば販売員が少し体調を崩して休んでいたりすると、そうした読者の多くから「あの販売員は今どうしているの？」「身体の具合は大丈夫なの？」といったメッセージが編集部に届きます。販売員にもそれぞれの個性があって、こんな表紙じゃ売れないと愚痴をぶつけてきたり、読者と争いごとが起こったりする場合もあります。だから一人ひとりを自分の親戚のように考えて、彼らがもっと働きやすくなるように環境を変えていかないといけませんね。
ブライアン：台湾では近年、どんな商品が路上で売るのに適しているのかといった、路上販売についての議論が盛り上がってきているんですが、『THE BIG ISSUE TAIWAN』はその成功事例とされることが多いです。
ウェイティン：実は現状、台湾の路上販売は合法化されていないので、何を売ろうと実態は厳しく、警察や行政の介入にあったりしますし、大衆の目線に慣れるまで時間がかかります。

ブライアン：台湾では昔から、路上生活者や心身障害者によるガムの路上販売がありました。最近ある企業が彼らをさらに支援するため、アーロン・ニエにガムのパッケージデザインを依頼して私たちのように販売員を通じた展開を始めたんですが、これは後続的な活動事例だと言えると思います。こうした企業は基金や非営利団体を成立し、制度改正を含めた社会改革もあわせて推し進めようとしています。僕たちはあくまで小さな一企業として始まっているので、率直に言ってまだそうした方面での長期的な努力が足りていないですね。それでも繰り返しですが、まずは雑誌の中身の記事を読んでもらうことで、その背後にある考えや理念を知ってもらいたいというのが僕たちの編集方針です。そうやって社会について理解を深める過程の中で、読者が自分ならではの価値判断基準を作ってほしいと願っています。インパクトのある話題を先に持ち出して人々を議論に参加させることは望んでいないんです。

――ちなみに『THE BIG ISSUE TAIWAN』の販売員はそういったガムなど他のものも同時に売ることができますか？

ウェイティン：いえ、ほかのものは売らないでほしいと言っています。『THE BIG ISSUE TAIWAN』の最新号とバックナンバー、あとは私たちが昨年創刊した『週刊編集』の最新号と、その定期購読の申し込みだけです。『週刊編集』（100元）が売れたら同様に売上の半分が販売員に入ります。1600元する定期購読は500元が入る仕組み。商品を限定しているのは主にイメージを良くしたいという理由からで、制服を着ているあいだは私たちの雑誌だけを売ってほしいし、休憩でタバコを吸うときはそれを脱いでほしいとお願いしています。人によっては雑誌販売の時間とは別に果物や花やガムなどを売っ

048

THE BIG ISSUE TAIWAN　大誌雜誌

同社が2017年に新たに創刊したメディア『週刊編集』。

ているようですが、ほかに手を出して売っている人は雑誌の売れ行きもあまり良くないことが経験上わかっています。

ブライアン： それに、『THE BIG ISSUE TAIWAN』をきちんと売ってきた販売員からは、『週刊編集』という売り物を増やすだけでも抵抗がありました。実際に今のところそれほど彼らの収入には貢献していなくて、面積も取るし重いので、これ以上ほかのものを売ることに消極的です。これまでも化粧品の試供品や手帳といったノベルティを付けてくれないかという話もあったんですが、販売員の負担を考慮して断りました。

——やはり『THE BIG ISSUE TAIWAN』の面白いところは、社会福祉が先にあって雑誌はその手段、というのとは真逆で、まずは雑誌の面白さが先で結果として社会福祉に至ればよい、という点だと思うんです。そうするとますます、路上だけでなく書店でも売りたいと思ったりしませんか？

ブライアン： まさにそれが『週刊編集』を創刊した理由です。路上だといくら最新号を売っても悪天候が続けば多くの人に見てもらえないといったケースが起こります。販売員が直接取り扱う以上、刺激的すぎる特集や記事の掲載に躊躇するなど、内容について自主的に制限をかけたりもしますし、『週刊編集』はそうした問題を解決するために、書店で売ることを目的とした新しいメディアです。

ウェイティン：『THE BIG ISSUE TAIWAN』も在庫のあるバックナンバーについては路上以外でも売っています。販売員が少ない、台北以外の街にある誠品書店や、ブックフェアなどを含め直接に販売できるイベント、または私たちの発行所などで。発行所というのは販売員が雑誌を仕入れに行く拠点のことですね。彼らは雑誌が売り切れたときや休憩時に発行所に行って、最新号とバックナンバーの部数を自分で勘案して仕入れるんです。

——日本では雑誌が売れなくなったと言われて久しく、実際に厳しい状況に置かれている雑誌や出版社も多いです。『THE BIG ISSUE TAIWAN』から日本の同業者に対して、何かアドバイスできそうなことはありますか？

ブライアン： 難しいですね（笑）。僕たちからすると日本の雑誌、特に『POPEYE』『BRUTUS』『&Premium』など、マガジンハウスが出している雑誌の編集技術は突出していると感じていて、そのテーマやレイアウトを日々研究しているほどです。雑誌の経営はどこも難しい時代なので、続けられているところはみなすごく頑張っていると思いますよ。それでも僕たちがほかと違うのは、販売員による紙の本の直接的な販売に特化している点です。台湾でも今は紙とウェブをミックスして同時に出版していくケースが多いのですが、僕たちはあくまで紙媒体に専念しています。ネットを活用してコミュニティをどう運営するかといった議論もよく聞きますが、まずは何よりメディアのクオリティを高いレベルに保って、より多くの人に届けるというのが原則です。継続していくためには常にそこに立ち返ることが大事。僕たちはそう考えています。

後日、2018年8月に開催された「2018 INSP Awards」で『THE BIG ISSUE TAIWAN』は最優秀デザイン賞を受賞。

THE BIG ISSUE TAIWAN　大誌雜誌
台北市中正區八德路一段28號2F
TEL 02-2322-2607　http://www.bigissue.tw/

Fines Lee　　　　　李取中

INTERVIEW

新聞という形に
新たな可能性を見いだした、
時間を編集するメディア

Publisher

ファインス・リー / 李取中
1970年生まれ　台南出身

週刊編集＋THE BIG ISSUE TAIWAN
（しゅうかんへんしゅう＋ビッグイシュー・タイワン）編集長

『THE BIG ISSUE TAIWAN』を始めた編集長のファインスさんは、一般の書店でも販売できる雑誌を、との意図から『週刊編集』を2017年に創刊した。名前も風変わりだが、驚きなのはそれが「新聞」という、普通に考えると「古い」メディアの形を取っていることだ。『The New York Times』も紙からデジタルへと舵を切る時代に逆行するようにも見える行為だが、新聞という形態に一体どんな可能性を見いだしたのだろう？

新聞というメディアを若い世代に向けて作り直す

　2010年に『THE BIG ISSUE TAIWAN』を創刊する前、私はインターネット業界で働いていて、直前にいた会社では台湾最大のポータルサイト「奇摩（Kimo）」の立ち上げに携わりました。「奇摩」はのちに「Yahoo!」に吸収合併されて「Yahoo! 奇摩」となりました。

　先にブライアンとウェイティンが話したと思いますが、2009年、雑誌を作ろうかなと考えていた私は日本版を通じて『THE BIG ISSUE』のことを知り、雑誌が「社会的企業」（ソーシャル・エンタープライズ）の手法で制作できるとわかって好奇心が湧き立ちました。自分で調べていくうちに、社会問題の解決を目的としながら収益を上げていく、そのビジネスモデルに関心が向いていったんです。これからの企業が発展していくための重要な経営手法だと確信すると同時に、当時の台湾ではまだまだこうした例は少ないと感じたので、仮にこの『THE BIG ISSUE TAIWAN』が失敗したとしても、雑誌を通じて多くの人が社会的企業に関心を持つ機会になればいいと考えました。

──『THE BIG ISSUE TAIWAN』は今も安定的な経営を続けていると聞きました。そのようななかで『週刊編集』という新たなメディアを立ち上げたのはなぜですか？

　『THE BIG ISSUE TAIWAN』は非常に社会性が強いメディアなので、扱える内容がある程度限られています。また、直接に販売員から購入されることを大切にしているため、内容もほとんどネットで公開していません。だから記事がメディアを横断して拡散しにくいわけです。定期購読も企業や団体

週刊編集　　　　　　　　　The Affairs

創刊号の表紙ビジュアルは日本のイラストレーター・Noritake。

から通常の3倍近くの価格で受け付けているだけで、個人には開放していません。読者との関係づくりも限定的になります。つまり、現代にしてはとても制約が多いメディアだということです。そうした限界を超える自由なメディアをもうひとつ持っておきたい、というのが『週刊編集』を創刊した第一の意図です。

そこで注目したのは、「新聞」というフォーマット。理由のひとつは軽さですね。新聞はあらゆる紙の出版物の中でいちばん軽い。なのに版面はもっとも大きくて、開けば雑誌8冊分のサイズになります。一方で、その紙面の上にはこれまで歴史的に重要な事件が記録されてきた、「重い」メディアでもある。その物理的な軽さと大きさ、そして内容の重さが同居している特性が、たいへん面白いと思ったんです。

実は台湾の新聞は20～30年前からほとんど変わっていません。むしろどんどん悪くなっている（笑）。政治的に偏りすぎたり、売上のために過度にセンセーショナルなものに走ったり。物価は大きく上がってきているのに、新聞の価格は基本的に10元のまま、ずっと変わっていません。産業構造としても古いままで進化がなく、今は完全に広告収入に頼っている。まったく健全なビジネスモデルではないと思います。そこで、この可能性ある「新聞」という形を若い世代に向けて作り直し、これからの時代の新しいメディアに変える。そう考えて2017年の6月に立ち上げたのが『週刊編集』です。

──『THE BIG ISSUE TAIWAN』は若い世代に愛されていると聞きましたが、紙媒体が難しいと言われるこの時代に、新聞で勝負するのは簡単ではなさそうです。

紙のメディアとして『THE BIG ISSUE TAIWAN』は順調かつ成功していると言っていいでしょう。創刊から2年ほどで収支のバランスが取れましたから。他国の同様のストリートペーパーだと、私たちのように販売の収益だけで経営を維持できているところは多くありません。また、それらの読者の年齢層は比較的高くなりがちで、いかに若い世代に買ってもらうかが課題なのですが、台湾版は正反対です。読者はみな若く、この雑誌を好きでいてくれます。

一般的には若い人が紙媒体を買わなくなった、それに触れなくなったと言われますが、そのようなメディアの移行現象はいつの時代にもあったことです。ラジオやテレビが登場したときも、そのたびに紙メディアは淘汰されるのではないかと緊張を強いられてきました。これは必然の現象です。その流れの中でメディアがなすべきは、「現行の世代に対してどんな体験を与えられるのか」をつぶさに検討してアプローチすることだと思います。

世代が違えば育ってきた環境が違い、享受してきたテクノロジーも異なります。そのため当然、紙メディアが担う役割もそれぞれの世代で違ってきます。インターネットが普及する前の世代にとっては、情報源イコール紙メディアでした。すべての情報は紙の出版物から得ていましたから、その当時は情報のニーズを満たすことだけを気にしていればよかったのです。けれどたいていのことがネットを通じて入手できる今、情報を提供するだけではもうメディアの存在意義はありません。それ

新聞はあらゆる紙の出版物の中でいちばん「軽い」と同時に「重い」。

051

Noritakeさんの作品「NEWSLESS PAPER」。
3.11当日の新聞紙面レイアウトがもとになっている。

ポスターとしても活用できる誌面が毎号折り込まれている。

でも紙の形で出そうというなら、わざわざ紙で手にする意義を若い読者に感じ取ってもらわなければいけませんよね。その発信の仕方や美的な体験まで気にする必要性が出てきているんです。

紙かウェブかという問いよりも価値観を見極める

ただし、いま新たにメディアを作るにあたって本質的なのは、「紙か、それともウェブか？」という技術的な問いではなく、訴えかける世代の価値観の変化や違いを見極めることです。たとえば仕事を話題にするとしても、『THE BIG ISSUE TAIWAN』や『週刊編集』では「いくら稼げるか」でその職業の価値を判断するような記事は載せません。「Y世代」と呼ばれる、私たちより若い世代が重視するのは収入だけでなく、その仕事が「どれくらい個人の活躍の場となりつつも社会に影響を与えられるか」です。自己実現と社会貢献。こうした差異を把握していなければ、若い世代とコミュニケーションすることはできません。メディアというものは人々のあいだにある価値体系の差を理解し、それをコンテンツに反映できるかどうかの上に成り立っていると私は考えています。

——『週刊編集』の構想はいつ頃からあったのでしょうか？

5年前から下準備をしていました。発刊までかなり時間がかかってしまいましたが、どの国のどんな状況下であれ、新しく新聞を創刊するというのはやはり難しいことですよね。準備期間に世界中の新聞を集めてじっくり研究しましたが、特に日本の新聞には注目しましたね。世界の新聞発行部数ランキングで、ベスト10のうち5社を日本の新聞社が占めているからです。1位は読売新聞（877万部）、2位は朝日新聞（616万部）、5位は毎日新聞（309万部）です（2017年日本ABC協会レポートより）。日本の新聞購読戸数は世界最多で人口の8割近くあるとも言われ、販売数のうちのほとんどを定期購読が支えています。日本の新聞配達システムは、かなりの工夫と努力によって現在まで受け継がれてきたのだと思いますし、政府も新聞社も、人々が新聞を読むという習慣を続けるために努力しているように見えます。台湾だと完全に市場が開放されていて定価が決まっていませんが、日本では新聞特殊指定によって定価販売が守られています。台湾の新聞の販売収入は3割ほどなのに対して、日本の新聞の販売収入は6割に及ぶ。台湾の新聞社のように広告収入に依存しているわけではありません。このような収支バランスはメディアとしては良い経営モデルだと思ったので、『週刊編集』も定期購読を支えにして展開したいと考えました。

——とはいえ、日本で新聞はどんどん読まれなくなっていて、もはや電車の中で新聞を開く人をほとんど見かけなくなりました。

電車の中で情報のニーズを満たすためには、当然スマートフォンのほうが便利で読みやすいでしょう。「〜タイムス」という名前が多いように、日刊の新聞はニュースとしてのその日の瞬発的な情報速度を追求していますが、そうした速報性はもうネットメディアに代替されてきていると思います。けれど「週刊」というスパンには可能性がある。この1週間に起こった出来事をさらに掘り下げて理解を深めたり、そのあいだに世界各地で起こった重要なニュースをまとめて読み込んだりするための時間です。

『週刊編集』は3枚1折ずつが3セット。半分に折られ、専用のビニール袋に入れて販売される。

Fines Lee　　　　　　李取中

創刊にあたり参考にした新聞のひとつ、
イギリスの『Financial Times』の週末版。

第14号（2018年8月）の特別限定折込み。
余白のあるレイアウトでブルース・スプリングスティーンの人生を伝える。

だから『週刊編集』という名前にしたわけです。現在はまだ追いついていなくて月刊ですが（笑）、名前のとおりいずれ週刊化することを目指しています。「編集」と付けたのは、雑誌であれ新聞であれ、大事なのはいかに情報を編集（収集・整理）するかということだからです。見た目のレイアウトという空間だけでなく、速度の速い大量のニュースの中から重要な記事を選び時間をかけて深掘りしていく、そういう時間の編集をも含みます。立ち位置としては、欧米の新聞の週末版だと思ってください。アメリカの『The New York Times』、イギリスの『Financial Times』、ドイツの『Die Zeit』といった新聞の週末版。内容はすべてニュースというわけでなく、テーマで区切った特集や読み応えのある人物インタビュー、本やアートのレビューなど、新聞と雑誌の中間みたいな感じだと言えるかもしれません。

日本の新聞は文字がびっしりで余白がなく、少しでも多くの情報を載せるために縦をつぶした独特の新聞用フォント（平体）を使っていますね。かつては情報量こそ大事でしたが、今は読む際の体験がますます重要になってきています。それが先ほど言った、視覚的で「美的な体験」ということです。

ドイツの出版社 Steidl（シュタイデル）が手がけた、写真家ロバート・フランクの世界巡回展も、新聞紙に着目したものでした。そのカタログは『Süddeutsche Zeitung（南ドイツ新聞）』を模したもので、大きく印刷された写真と、大胆に取られた余白が特徴です。解説をぎゅうぎゅうに詰め込むよりも、そのほうが写真家の伝えたい意図が浮かび上がります。電車に乗っている合間に小さく折りたたんで読むのではなく、逆に、じっくり読むために新聞を広げられるほどのスペースを探す。『週刊編集』はそのような読書体験を重視して、レイアウトの美しさを優先しているんです。

紙というメディアだからこそ得られる、情報の所有感

—— そうした「紙による美的な体験」にはどんな効果がありますか？

体験的なメディアとして新聞を使うと、読者とより深いコミュニケーションを取ることができます。大きく広げたサイズ感で視覚的に訴え、重要なニュースを通じて時間をかけて価値観を共有していく。これはデジタルなメディアには不可能です。たとえばあるミュージシャンを紹介する際、その人の存在感や重量感をネット上に再現するのはとても難しい。それが新聞という形の場合、編集次第では文章や写真の全体に視線を引きつけ、その創作や作品をリアルに感じてもらえます。液晶の画面で見るものはどうしたって「虚」の感覚でしかなく、知ったことを所有している実感はなかなか湧きません。それが紙で表現されると実際に知ったことを所有した気持ちになり、何かを所有したと思ったときに人は記憶や心の中でそのものとの結びつきを強めるのです。

よく「一覧性」や「偶然性」が新聞の長所だと言われますが、私はむしろそれはデジタルが本来的に持っている特質だと思っています。それこそウェブの記事には何でもあるし、突然現れる別の情報に心奪われることもしばしばです。新聞＝紙の特質はやはりリアルな「物質性」であって、それは閲覧しているときの心理に深く作用します。端的に言えば、心を静かにしていられる。どんなに長い文章でも紙であればその終わりを認識でき、かえってゆっくり落ち着いて読み進められる。これがウェブだと次のリンクにも飛ばなきゃと気持ちは落ち着きません。いわばブラックホールにも似ていて、ウェブのコンテンツは決して「読み終える」ということがないのです。

054

週刊編集　　　　　The Affairs

日本（朝日新聞）と台湾（聯合報）の新聞のサイズ比較。

　もちろん、伝達のスピードを求めるときはデジタルも並行して活用します。デジタルなら、音声だって360度の動画だって入るし、双方向のコミュニケーションもできる。けれど内容が大事で、自分たちが編集した記事をじっくり読んでほしいときは、紙の新聞を使います。気に入った箇所を切り抜いたり壁に直接貼ったりする体験も、紙にしかできませんよね。その都度いちばん適切な方法で発信していくのが、これからのメディアのあり方だと考えています。

――『週刊編集』のサイズは日本の新聞と近いように思います。

　そう、サイズは日本の新聞と同じなんです（ブランケット判＝縦546×横406ミリ）。なぜならそれを元にしているから（笑）。台湾の新聞はもっと小さいので（縦577×横345ミリ）、台湾の人は『週刊編集』を見ると大きいと感じますね。発行部数の多い日本の新聞がこのサイズで長く続けているのと、ちょうど『THE BIG ISSUE TAIWAN』の2倍の規格なので採用しました。ただ本来の新聞サイズではないので、今は雑誌用の輪転機を使って印刷しています。こちらの新聞はテーマごとに複数枚で1折になるのが普通です。新聞用の輪転機だと機械で折れますが、『週刊編集』は現状1枚ずつ刷って人の手で3枚重ねて折っているので、コストがかかっています。台湾にはこのクオリティで印刷して折れる機械がなくずっと探していたのですが、最近、中国にあることがわかりました。

　デザインにはとても気を配っていて、特に表紙や広告には積極的に海外アーティストの作品を使っています。最新号（取材時）の第10号（2014年4月）の表紙は日本の写真家、奥山由之さんが撮ったものです（その後の第11号の表紙は木内達朗氏の作品、12号は石川直樹氏の写真を使用）。また、誌面には7000字〜1万字程度の長い論考を載せているのですが、それをいかに読みやすくレイアウトするか、力を入れています。読者から「雑誌だと読みきれないのに、新聞だと読めた」という声をもらったのはうれしかったですね。こういう長い文章をインターネットにそのまま上げても誰にも読まれません。新聞という器の上にあるからこそ、ゆっくり読んでもらえたのだと思っています。「台湾にやっと面白い新聞ができた」というのも、ありがたい反応でした。

――記事に「The Guardian」「The New York Times」といったクレジットが入っているものがありますが、これは出典元を示しているのでしょうか？

　はい。現在、海外のニュースはその2紙と提携して記事を購入しています。もともと週刊のはずだったので週に記事を4本、紙とウェブで使える契約をしているのですが、現状は月刊なので月に4本を紙でしか使いこなせていません。もったいないことをしていますね（笑）。実は日本の朝日新聞にも声をかけたのですが、海外に版権を売る仕組みが整っていないようで、うやむやになりました。速報性や時事性の高い記事よりは、深掘りできそうなもの、政治的な立場は中道〜左寄りの記事を中心に選んで、自社で翻訳しています。
　その他の国内記事はすべてオリジナルで、50人ほどいる外部のライターに執筆してもらっています。そうした海外／国内の記事の比率は4対6くらいですね。基本的な誌面構成は、本

新聞という器の上にあるから、ゆっくり読んでもらえた。

055

Fines Lee　　　　　李取中

『週刊編集』編集部は『THE BIG ISSUE TAIWAN』のさらに上（3階）。

『THE BIG ISSUE TAIWAN』と『週刊編集』、両媒体の精神的支柱となっている『Whole Earth Catalog』。

体、「CULTURE」「LIFE&SAFARI」の3枚1折ずつが3セット、というものです。

創刊して間もなく定期購読者数が1万人に

――『週刊編集』の読者数は今どのくらいで、毎号どのように届けられているのでしょうか？

　現在（2018年4月）まで10号出ていますが、毎月1号あたり3万部を刷っています。そのうち、定期購読が1万部です。価格は1部100元（約400円）で、定期購読者は2割引（20号分が1600元）。創刊時にはクラウドファンディングを行なって、10人同時に申し込めば最大4割引になるキャンペーンも張って7000人ほどの定期購読者を集めました。台湾の出版業界では過去最大の到達金額でした。これには『THE BIG ISSUE TAIWAN』で培ったリソースが生きていて、有名音楽プロデューサーの林強やシンガーソングライターの張懸がプロモーション映像に出てくれたのも大きいですね。リターンは定期購読1人分、2人分、4人分、10人分ごとにそれぞれ割引率や特典が違いました。そのときに多くの人が周りに声をかけて10人単位で支援してくれたことが、今の定期購読者数の基礎になったんです。今でもブックフェアなどで出張販売するときには4割引（最大5割引）で売ったりもします。

　『THE BIG ISSUE TAIWAN』の販売員も『週刊編集』定期購読の申し込みを受け付けます。1600元の定期購読料のうち、販売員の取り分は500元です。あとは日本でも積極的にやっていると思いますが、「Newspaper in Education」という取り組みがあり、学校の先生から生徒に新聞を読ませたいというリクエストがあれば、まとめて割引して送っています。

　配送は、台北エリアであれば実際の新聞配達の仕組みを使っていて、各配達所から配送してもらっています。台北以外のエリアでは、郵便局や民間が提供している雑誌の定期配送の仕組みを使っています。ただ、台湾の新聞購読の状況が良くないので、新聞販売所を使っても思ったほど顧客開拓はできませんでした。なので今は配送エリアも広く顧客開拓にも前向きな民間の新聞配送社を検討中です。それと民間の宅配業者との2本立てで今後はやっていくと思います。もちろん『週刊編集』は市販もしていて、『THE BIG ISSUE TAIWAN』販売所のほかに、各地の独立書店、そして誠品書店や蔦屋書店、MUJI BOOKSといった大型書店で購入できます。

――創刊したばかりの「新聞」が1万人の定期購読者を集めているというのはすごいですね。

　そうですか？　日本では地方紙でも20〜30万人は購読していますよね？　まだまだ、これからです。実際、『週刊編集』はまだ黒字じゃないんです。1号あたりの内容も『THE BIG ISSUE TAIWAN』の2倍の量がありますし、海外から記事を購入しているので、そのぶん制作コストもかさんでいます。定期購読が1万5000人〜2万人に到達すれば、ひとまず安定する計算です。

――紙面の左上には毎号「access to tools」というタグラインが入っています。どんな意味が込められているんでしょう？

　「access to tools」は、『THE BIG ISSUE TAIWAN』の「Stay hungry. Stay foolish.」と同様に『Whole Earth Catalog』に由来します。私は『週刊編集』のコンテンツを

056

週刊編集　　The Affairs

　「tools」、すなわち道具だとみなしているんです。『Whole Earth Catalog』の表紙は毎回、宇宙から地球を見た写真になっていますが、そこには、国家という枠組みがなくなったとき、人間としてこの地球で生きていくために必要な道具はこの本に収められている、という意味が込められています。『週刊編集』もそのスピリットを受け継ぎ、この地球で人間として生きていくための道具となるような知識を提供していきたいと考えています。

　これには私自身の人生が関係しているかもしれません。戒厳令がようやく解除されたのは、私が中学生のときでした。本来の民主的な生活はそれまでかなり国家体制の制約を受けていました。だから次の世代に対して思うのは、国家という枠組みは本来は国民のためにあるべきもの、という考え以上に、国家を超えた視点を持ってほしいということです。世界の多様な見方を知るためのメディア＝ツールとして『週刊編集』をたくさんの読者に知ってもらいたいと願っています。

──かたや、「Stay hungry. Stay foolish.」という言葉はファインスさんにとってどんな意味を持っていますか？

　『THE BIG ISSUE TAIWAN』の核となるこの言葉は、身体と精神との両方の側面から成り立っていると思っています。「常に未知であれ」、私は自分でそう訳しています。私たちは普段たくさんのことを知っていると思いがちですが、実際はただそのものの「名称」を知っているにすぎず、その奥の本当の姿を知っているわけではないことが多い。そのものが持っている（と信じている）意義や価値だって、マスコミによって植え付けられたものかもしれません。1輪のバラでもそれを本当に認識したいのであれば、よくよく花を観察するだけでなく、実際に花びらや葉や茎に触ってみて、匂いを嗅いでみなければなりません。「Stay hungry. Stay foolish.」とは、物事を本質的に理解するためには、なるべく自分を未知なる状態に置き、リアルな自分の五感を使って把握していくべきだ、というメッセージです。中心の読者層が20〜35歳と比較的若いので、野性の感覚を信じて世界を体験することを促しているのです。

　他方、50歳くらいまでのもっと広範囲な読者を想定している『週刊編集』のキャッチコピーは、「私たちは探求をやめてはならないし、すべての探求の終わりには最初の地点へと戻り、そのとき初めてその場所を知る」というT.S.エリオットの言葉です。さまざまなことを経験したのちには一度自分の人生を振り返って内省してみてほしい、という成熟への願いを込めています。

──そういえば東京には『Whole Earth Catalog』とその中で紹介された本だけを扱う「CATALOG&BOOKs」という書店があります。

　え、本当ですか？　あとで教えてください。まずはネットで調べてみます（笑）。

週刊編集　　The Affairs
台北市中正區八德路一段28號3F　　TEL 02-2351-3750
https://zh-tw.facebook.com/theaffairs/

057

Waiting Room

ウェイティング・ルーム

音楽仲間と始めたヒップなセレクトショップ

　朋丁から中山北路を渡った反対側、狭い路地を歩いていると白壁の小さな建物が現れる。ドアを開ければ、そこが本とレコードとCD、服や雑貨も扱うセレクトショップWaiting Roomだ。台湾インディーズバンドの代名詞となった「透明雑誌」のメンバー1人を含む仲間4人で共同経営をしている。たいてい店頭に立つのはAh Blueさん（1983年生まれ）で、英語で話しかけると「イエイエイエイエ〜」と素敵なノリで返してくれる。開店は2010年だが、2015年に今の場所に移った。

　「前も似たような店だったんだけど、週末しかやってなかった。4人とも仕事があるから、どっちかというと趣味の延長というか遊びの感覚だね。みんなほぼ同い年で知り合って長いんだ。1人はJimiというスケボーショップをやってて、あとはエンジニアが2人、僕は以前、音楽雑誌の編集をやってた。もう廃刊したけどね」

　メンバーがバイクで引越し先を探しているときに見つけたのがこの場所で、近隣に面白い店や場所があるから即決したという。店内の商品数は絞られていて、アメリカ、イタリア、スペインや日本から仕入れるレコードや、地元台湾のインディーズCD、have a good timeやLIVERARYのTシャツやトートバッグといった中に、本はZINEや独立系雑誌が一面に並んでいる。Ah Blueさんが常に見つめているネットから仕入れるそうだ。彼に何か尋ねるとネット検索がものすごく早い。

　「友人が作っているものも置いてるし、人づてに紹介してもらって仕入れるものもある。日本だと加賀美健さんと親しいメンバーがいる。自分の考えだけど、Waiting Roomは面白くてイケてるものが素早く入ってくるひとつのレイヤーであり

058

Waiting Room

why.z.clanのパロディが炸裂するZINE『精少壊一族』の1号（左）と2号（右）。

台湾の実験的バンド「落差草原WWWW」の初アナログ盤『霧海』など（中段右端）、国内外のレコードを独自にセレクト。

空間だと思う。たとえば台湾のアーティストだとこいつがヤバい。昔からの親友でwhy.z.clanっていう名前。本職はデザイナーなんだけど、時間が空いているときはいつも漫画を描いてる。彼のZINEはもう全部売れちゃったよ。透明雑誌のマネージャーもやってるんだ」

　Waiting Roomは自ら出版も行ない、これまで2冊本を出している。陳藝堂の写真集『飛肥匪廢』と、永岡裕介＋Chou Yiのアートブック『MESSTEETH』だ。次はCDかカセットテープで音楽作品を出そうと考えているという。店の入口にはターンテーブルがあり、台湾人だけなく日本人のイベントやライブを店内で開催することもある。そのときにはレジ横の冷蔵庫に並ぶ瓶ビールがたくさん売れるのだろう。売上は服が支えているが、自分たちで作っているのはトートバッグとTシャツ（非売品。友人にあげる）だけ。「台北でレコードを売っ

ている店は少ないのでは？」と聞くと、「いやいや、ここ数年でどんどん増えてるよ。音楽雑誌は相変わらず厳しいけどね」と答えてくれる。

　「台湾のバンドだと、そこにある落日飛車（サンセット・ローラーコースター）がいま一番おすすめだね！ 日本でもライブをやると思う。僕らもライブハウスはよく行くけど、だいたいは中正紀念堂駅近くのRevolverに行く。1階がバーで2階がライブスペースになっていて、いつもにぎやかなんだ。正直、そこで毎晩飲んでて毎日二日酔い。今晩もそこで飲んでるから、待ってるよ！」

Waiting Room
台北市中山區長安西路40巷10弄1號
TEL 02-2523-6937　営業時間 14:00–21:00
定休日 月　https://waitingroomtw.bigcartel.com/

059

Sharky Chen
陳夏民　シャーキー・チェン

commaBOOKS
逗點文創結社

讀字書店のカフェカウンター脇から奥を望むと、逗點文創結社の本の売り場が見える。

讀字書店は国立台湾師範大学のそば、古亭駅から歩いてすぐ。

新刊情報（左）とカフェメニュー（右）が更新される店内の黒板。
本を購入するか、1人180元（約720円）以上注文すればカフェを利用できる。

陳夏民　　　　　　　Sharky Chen

INTERVIEW

本の「創作」実験を続ける
ひとり出版社のパイオニア

Publisher

シャーキー・チェン / 陳夏民
逗點文創結社（とうてんぶんそうけっしゃ）代表
1980年生まれ　桃園出身

単行本を刊行する台北の独立出版社も取材したいと思って調べていると、陳夏民という人物にやたらとヒットする。テレビにも出ていて自著も複数あり、書店も経営。自身が前に出て一種のメディアとなる姿はミシマ社などにも重なって見えた。台湾の「ひとり出版社」の先頭に立つ彼、シャーキーさんは、独立出版社同士が連携し合う団体の顔でもある。古亭駅からすぐのホーム、讀字書店でその出版物を見ながら話を聞いた。

前例もなく手探りで走り出した「ひとり出版社」

　2010年に1人で出版社を立ち上げる前は2年ほど、英語の参考書を作る出版社で働いていました。大学の専攻は英文学で、英語の教師になるのが夢だったんです。でも文学研究への興味も捨てきれず、そのまま大学院の芸術学科に進みました。そうすると、先生が著名な作家だったり学科の友人に物書きが多かったりして、彼らにとって「本」とは何か、文学作品がどういう過程で書かれていくのか、もっと知りたくなりました。人間の「創作」行為にますます興味が湧いてきて、就職先に出版社を選んだのは自然の成り行きです。

　でも組織の一員として働いていると、自分の関心がある著者やテーマよりも会社にとっての利益を優先しなければなりません。その考えは間違いではないし仕事も楽しかったんですが、自分が出したい著者の本を、より直接的に自分の手で売っていくためには、自分で出版社を始めるのがいちばん良いと考えたんです。それで、手始めに出版したのは詩集です。しかも3冊立て続けに。僕が出版社を始めると聞いた研究室時代の先生や同級生が原稿をくれました。独立祝いというか、プレゼントですね。それぞれ800部ずつ刷って、けっこう売れましたよ。

　8年前の当時は僕みたいな「ひとり出版社」の前例もほとんどなく不安で一杯でしたが、同時に刺激的でもありました。新しいスタイルの開拓は個人にはプレッシャーでも、出版業界全体にとっては良い変化につながると感じていましたから。「パイオニア」と言われるのは大げさなんですが、すごく幸運なタイミングだったんです。独立出版社というものがあまり見当たらなかったので注目を浴びて、メディアにもたびたび取り上げられましたし。そのおかげで、出版業界内での知名度もわ

064

逗點文創結社　　　commaBOOKS

最も売れた『地表最強國文課本』(左)は「示見」シリーズの1冊。

りとすぐに上がり、原稿の依頼が増えて自分の本を出すまでになりました。最近ではテレビやYouTubeの番組で司会もしたりしますけど、本以外の世界だと全然無名ですよ（笑）。

──ある動画でシャーキーさんが「アートや創作にすごく興味があるけど自分で直接的にはできない。だからまずはそれを実験する場として出版社を始めた」と言っていたのが印象的でした。

　大学院で創作を学んだとはいってもそれはごく基礎的な部分であって、創作とは何かが理解できたのは編集の仕事をするようになってからです。一言で言えば、コミュニケーションが中心にあるということですね。一生懸命に作られた作品はどれも「読んでほしい、理解してほしい」という、人との交流を願う作者の切実な気持ちから生まれたものです。そういうコミュニケーションのあり方を本作りを通じてさらに深掘りしていくことで、創作をさらに理解できるんじゃないかと思いました。出版に携わったことでやっと僕も1人の「創作者（アーティスト）」になれたような気がしています。それは必ずしも「作家」になるということではないのですが、これまでの実績が助けになって、今こうして自分でもコラムを書いたり本を出したりと、創作をする側になってきているのはうれしいことです。

──シャーキーさんが出版社を始める少し前くらいに、日本だとミシマ社やナナロク社といった独立出版社も増えていったんですが、もしかして知っていましたか？

　関心は持っていました。ただ、その頃の台湾では日本の独立出版よりも独立書店のほうに注目が集まっていて、その中での有名人といえば、COW BOOKSの松浦弥太郎さんですね。台湾の出版人ならみんな、彼のことを知っています。ちょうど松浦さんの本が台湾でも翻訳され始めた時期で、多くの人は彼を通じて日本の独立出版について知ったんだと思います。僕もその1人です。COW BOOKS以外にもB&Bや百年など、東京に行くといつも本屋めぐりが楽しみです。

──詩集のあと、逗點文創結社ではどんな本を出版してきたんですか？

　これまでの8年間で、およそ60〜70冊は出版してきたと思います。1人にしては、けっこう多いですよね。基本的には僕の興味の赴く対象から本にしていきます。なので、台湾人作家の小説や海外の古典小説、実用書や映画本、漫画までジャンルはバラバラです。今まででいちばん売れたのは『地表最強國文課本』（陳茻著）で、これは1万部売れました。逗點にはブックシリーズが3つあるんですが、この本はそのうち人文社会系の本を扱った「示見」シリーズに属します。孔子や孟子、蘇東坡など、昔の中学の教科書の定番だった古文を選び、そこに国語の講師で民謡歌手でもある著者が新しい解釈を施して原文を現代風に書き換えたものです。古文の本って、いわゆる暗記ものばかりだったんですが、この本は読みものとして楽しみながら学び直せる内容になっています。読者の中

コミュニケーションのあり方を本作りを通じてさらに深掘りしていく。

065

Sharky Chen　　　　　陳夏民

「言寺」シリーズは基本的に文庫本くらいのサイズ。同じ帯で巻かれた中央の2冊がバタイユの『眼睛的故事／聖神・死人』。

「逗點人」が登場する逗點文創結社のInstagram。「ストーリー」にも最新情報が定期的にアップされている。

心は高校や大学の国語の先生。あと2冊続編を出す予定ですけど、日本でも売れそうですか？（笑）

　ほかのシリーズは純文学の「言寺」と、実験的な語学学習本の「語言實驗室」。「言寺」は『老爸的笑聲』（カルロス・ブロサン著）や『御伽草紙』（太宰治著）など、現在まで58冊出していて、中には3000部刷ったものもあるんですが、安全な初刷部数を考えて通常は1500部ですね。出版市場の規模が小さい台湾では1500部もあれば全書店に行きわたるんです（注：内容やジャンルにもよるが、韓国だと通常の初版部数は1500～2000部、日本なら2000～5000部）。4月に出したのはこの『眼睛的故事／聖神・死人』。ジョルジュ・バタイユの『眼球譚』と『聖なる神』の2冊を共通の帯で巻いた文庫サイズのセット本です。奇抜なデザインは小子（シャオツー。→136ページ）。これは54・55冊目です。

編集は本と読者の出会いを最短にする仕事

——台湾の年間出版点数は3万8807点（2016年）と、日本との人口比でいえば多いと思います（日本は同年7万8113点）。その中で、企画した本が売れる本にもなるためには、どうしたらいいでしょうか？

　面白い本であっても売れるかどうかは正直未知数ですね。ただ、原則として押さえておくべきポイントはいくつかあります。本の趣旨がストレートに伝わっているかどうか、ブックデザインが開いているかどうか、など。さっきも言ったように、交流したいという作者の思いに対してどれだけ障害物を取り除いてあげられるか。それが編集者の仕事だと思います。より読みやすく本を編集し、より美しい装幀を施し、よりわかりやすい説明文を書く。そうやって作品と読者が出会う時間をできるだけ短くしていきたいんです。

　あとは本ごとに「売れた」の基準を持っておくことですね。個人的に思い入れがある本だけど「売れ線」ではないなという場合、1000部刷って700～800部を売ります。逆に、これは広く売れそうだ、という本なら絶対3000部は売らないと、といった厳しい要求を自分に課す。そうやって企画ごとの特質を見て部数を設定するわけです。500部でも1万部でも、本の内容によってはどちらも同じ「売れた」だと思うんです。過去に3000部刷ったのに500部も売れなかった本だってありますけど（笑）。

——本ができたあとの販売促進として、何か独自な取り組みをやっていますか？

　今後注力していきたいのは、新刊の内容に沿って本の情報をネットやSNSでどんどん発信していくことです。自社サイトはいま制作中なので（笑）、最近やっているのはこんなInstagram。逗點の本を読んでくれた読者を「逗點人」と呼び、「もっとも後悔したことは何ですか？」「いちばん楽しいと感じるのはどんなとき？」といった、読者のストーリーを引き出すQ＆Aを掲載しています。人を通じて本に興味を持ってもらうような仕掛けですね。あくまで本が主役なので、本で顔を隠しています。

　書店への案内や営業はメールで行なっていますが、最近だと僕のFacebookを見た書店員や書店主から直接注文をもらうケースが多いです。小さな独立出版社でも、その本が読者にとって必要だと判断されたら、ちゃんと書店に置いてもらえる。そもそも台湾の独立出版が今こんなにも隆盛しているのは、独立書店もたくさんあるおかげです。大きな流通ルートを

逗點文創結社　　　commaBOOKS

左から、蒋介石の銅像が人々を襲うブラックな漫画『蒋公會吃人？』、中国武侠映画を論じた『與電影過招』、18禁短編漫画集の『重新計算中』。

開拓しなくとも、まずは独立書店を当たっていけばいいんです。ネットで調べれば連絡先なんてすぐ出てきますからね。

――流通の話が少し出たので聞きたいのですが、台湾ではどんなふうに書店に本を卸しますか？

　うちの場合だと基本的に取次を通します。初版が1500部だとしたら、その90％を取次に入れて、あとは独立書店に直接卸します。もちろん書店からは返品が来ます。取次に卸すときの正味は出版社ごとに違うので言えないのですが、通常の取次のマージンは本体価格の10％ほど。書籍の取次大手だと、台湾では聯合發行、大河、紅螞蟻、知己、だいたいこの4社ですかね。雑誌系だとほかにもあります。大きな取次だけでは台湾全土をカバーできないため、「中盤商」という（中間取次のような）小さな取次が各地にあって流通を支えています。そこも同様に10％の手数料を取りますね。僕たちのほうから積極的に中国大陸含め海外に本を卸すことはないんですが、香港やマレーシアなど中国語圏から発注が来ることはあります。その際も取次を通して卸します。

　最近は逗點の本についても版権を買いたい（翻訳したい）というオファーが海外からよく来るので、Facebookページだけでなく自社サイトをきちんと作って発信しないといけないんですが、つい先日業者と契約したばかりです（笑）。1人に全部の仕事が降りかかる中で、まずは予定している本を作っていくのをどうしても優先してきたんですね。でも来年からはネット環境を整備して、かつて作っていたZINE（雑誌）も電子版で展開していきたいと思っています。

――ずっと1人で出版社をやってきたんですよね？

　そうです。今までずっと1人でした。オフィスは桃園にあるんですが、いちばんの仕事場は「街中」です。スマホで原稿を書いたり事務作業したりするので、電車内で仕事を完成させることが多いですね（笑）。ただ、状況に応じて編集は友達に手伝ってもらったりしてます。構想や方向性を自分が練って、あとの作業を彼らに割り振る。

　英語の本であれば自分で翻訳するときもあります。カルロス・ブロサンの『老爸的笑聲（The Laughter of My Father）』、アーネスト・ヘミングウェイの『太陽依舊升起（日はまた昇る）』『我們的時代（われらの時代）』などは僕が翻訳しました。編集者が翻訳するのは韓国ではよくあるんですか？　台湾の独立出版の現場だと一般的ではないのですが、思い入れと時間が存分にあればやる、という選択の問題ですね。いちばん多く組んだデザイナーは小子。本だと30、いや40冊以上、数えきれないくらい一緒に仕事をしてきて、逗點に完璧なビジュアルスタイルを与えてくれました。

　本は年に平均10冊は出してきたと思うんですが、今年（2018年）は20冊を予定しています。以前から溜まっていた原稿が結構あって、今のうちに出さないと新鮮味がなくなってしまうので慌てています（笑）。1人で8年もやっていると危機や事件だってたくさんありますね。毎回血みどろ。カバーに誤字を見つけてシールで貼り直したことも、翻訳の関係で本を全部回収して断裁したこともあった。思い出しただけでも怖い（笑）。

500部でも1万部でも、本の内容によってはどちらも同じ「売れた」だと思う。

067

陳夏民　　　　　Sharky Chen

台北国際ブックフェアで配布された独立出版連盟のパンフレット。
右が2018年の「讀字漫遊2037」、左は2016年の「讀字辦桌」。

面白い失敗なんてないですよ。しかも起業というものには必ず金銭的な危機がやって来ます。今はまだ大丈夫ですけど。

独立出版社が「連盟」を作って協力し合う

――台湾には「獨立出版聯盟（独立出版連盟）」というものがあると知って、気になっていました。これを立ち上げたのもシャーキーさんですか？

　一人出版社、南方家園出版社、そして逗點文創結社と、台湾の独立出版社3社が3年前（2015年）に立ち上げた団体で、今では『秋刀魚』を出版している黒潮文化やVoices of Photographyなども含め20社ほどの独立出版社が加入しています。代表というか顔といえば僕になるのかな。「独立出版連盟」という単位で共同で展示会を企画したりセミナーを開催したり、台北や香港のブックフェアに共同ブースを出したりと、台湾の独立出版を国内外に広める活動をしています。今年の台北国際ブックフェア（2018台北国際書展）では「讀字漫遊2037」というプロジェクト名で（注：1987年の戒厳令解除から30年経ち、今後20年は独立出版がさらに中心となって「讀力時代」を築いていこうという試み。「讀力」は「独立」と同音）かなりのスペースを使って展示・販売、イベントも行ない、各社の刊行物を紹介するパンフレットも作りました。

　もちろん、加盟出版社同士で情報を共有し合い、問題を解決できるというメリットも大きいです。独立したてだと取次や書店、印刷所とのやり取りがわからない人もいると思うんですが、経験を積んだ連盟の先輩陣が教えてくれます。書店に対して共同で働きかけられるのもメリットです。国内外の書店の連絡先を連盟内で共有し、そこに毎月の新刊をまとめてメールで案内しています。中山駅の地下街にある「誠品R79」（→110ページ）には去年から特別に、独立出版社の棚ができました。そのスペースが今では台湾内の誠品書店8店舗に拡大しています。

　台湾で面白いのは、たとえ大きな書店であっても独立出版社を支持してくれることです。誠品書店に限らず、博客來や金石堂といった大手書店も小さな出版社に協力的で資源を割いてくれるんです。逆に小さな独立書店とはトークイベントやセミナー、小さなブックフェアを一緒にやることが多いですかね。こういったことは大きな書店ではあまりできないので。

――実際、独立出版社は台湾で今も増えているんでしょうか？

　増えていますし、その質は決して悪くない。新規参入しやすいのが台湾の出版業界の特徴だと思うんです。編集、デザイン、印刷、営業、流通、ときれいに分業化されているので、自分ができない部分は外注しながら、どんな人でも独立出版活動をしやすい環境になっています。それに、出版社に勤めている人の多くが、自分の作りたいものを作りたいと思っている。この2つが台湾の独立出版を促していると考えています。

――とはいえ、台湾でもそんなにたくさん本が売れているわけではないですよね。自分で出版社を始める人たちはちゃんと食べていけるんでしょうか？

　基本的には別の仕事で生計を立てていることが多いです。連盟のメンバーの中にはワインの輸入販売をやっている人や、フリーで他社の編集を請け負ったりしている人もいます。みな収入を確保できるベースを持っていて、独立出版をメインの

陳夏民　　　　　　Sharky Chen

シャーキーさんの初の著書『飛踢、醜哭、白鼻毛』(2012年)。

『"ひとり出版社"という働きかた』が繁体字版では
『一個人大丈夫』(一人で"大丈夫")という書名に変わるのが面白い。

収入源にはしていないですね。そういう「本業」で多いのはやはり文字の仕事、たとえば編集者や記者やライターとかですが、普通に出版社で働きながら、自分が好きで出したい本は独立出版で出す人もいます。えっ、日本だと考えられないですか？　台湾では出版社の社員でもフリーランス的な契約で働いている人も多いんです。だからジャンルがかぶらなければ、出版社で働いている人が別の出版社を作るということは何も不思議ではないです。文化的な違いかもしれないけれど……。

実験するのは「一人」であっても「独り」ではない

　出版社を始めた頃のドタバタを描いた自著『飛踢、醜哭、白鼻毛——第一次開出版社就大賣騙你的（飛び蹴り、ガン泣き、白い鼻毛——初めての出版社を起こして大儲けなんて嘘）』を2012年に出しました。出版社の作り方について現場目線で書いた、当時は台湾で唯一の本だったので、このせいで出版業界に引きずり込んでしまった人がかなりいますね（笑）。だから最近でも自分で出版社をやりたいという若者がよく相談に来て、そんなときはつい「やめたほうがいいよ」って言いたくなるけど、「すごく面白いからやりなよ」と無邪気に言うこともできない。それでも出版は「創作」行為の中ではいちばん面白いプロセスのひとつなので、それを仕事にできるのはすごく良いこと。出版で大儲けはできないけど、自分の生活の養分にはなると思うんです。

——最近、日本の出版社や書店から刺激やインスピレーションを受けたことはありますか？

　ありますよ。ちょっと本を持ってきますね。西山雅子さんが編集した、この『一個人大丈夫』(原題『"ひとり出版社"という働きかた』河出書房新社)という本にとても共感して、こんな推薦文を台湾版に書いたんです。

「この本を読んでいくなかで、これは会ったことはないけれど気心の知れた友人たちからのメールを一通ずつ開いているような感覚に似ていると思った。独立出版社一つひとつのストーリーを読むと、すごく懐かしくて身に覚えのあるシーンにたびたび出くわす。あまり頭が良くなくてやらかしてしまった自分の決断や、変に強情を通したことで現れた自分の欠点をも探し出せる。こういうことは遠く離れた日本で、自分と同じように独立出版社を起こした人たちの身の上にも起きていて、しかもそれは宝石のようにきらきらと輝いていたのだ」

　ひとり出版社を続けるという不安な道を歩いているのは決してあなた独りだけではない、と背中を押してもらえる本だったんです。出版という窓を通してこれからの世の中について深い思考を促してくれますし、僕自身がこれまでやってきたことを再確認するのにもとても役立ちました。

——最後に、いま話を聞いているこの「讀字書店」は逗點文創結社が始めた本屋ですよね。独立出版社がこうした書店を始める目的は何ですか？

　「本がどうやって作られるか」が経験を積んでだいたいわかってきたので、次は「本がどうやって買われるか」をもっと知りたいと思って、こうして本屋を開きました。これも自分の疑問を解決するためですね。本を出版する仕事を始めてけっこう経つけれど、いったい誰が逗點の本を買っているのかちゃん

070

逗點文創結社　commaBOOKS

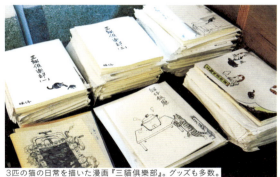
3匹の猫の日常を描いた漫画『三貓倶樂部』。グッズも多数。

と理解していなかった。だから自分で本屋を開いて、どんな読者が僕たちの本を好きなのか、研究しようと思ったんです。

　もともと2015年から桃園で本屋を営業していて、内容は良かったんですが、ただ赤字だった。それで最後の賭けに出るような気持ちでこの4月、店を読書人口が比較的多い台北のここ（古亭）に移したんです。デザイナーの小子との共同経営です。独立出版社から出ている本を中心に並べて、奥には逗點文創結社の出版物が揃っている。以前ここはコーヒーショップで、売れ行きの良い飲み物のスペースはこちらに移って来てから拡張しました。

　店名の「讀字（ドゥーヅー）」は「獨自閲讀、讀字探索」（自分で読み、文字から見つける。「獨自」と「讀字」は同音）に由来します。ケーキづくりが趣味の作家・郭正偉が店長をやっているんですが、ただの書店という場所を超えてクリエイターが集まる空間にしたいな、と。実際、自分のホームがあるとイベントを開くときなどとても便利ですね。それにやっぱり、購入のデータが直接取れて、傾向を観察・分析することができる。それがわかれば、書籍編集や装幀の方向性、宣伝の仕方にまでフィードバックが可能です。小子やほかの株主たちはみんなこの本屋がうまく行くか緊張しているんだけど、きっともっと良いことが起こるんじゃないかと期待しているところ。

——最近、「逗點学校」というプロジェクトも始めたんですね？

　逗點学校は今後2〜3年の最重要ビジネスモデルだと思っています。これまでの逗點の出版物から特に優れたコンテンツを僕が選んできて動画や音声にしてネットにアップする。もしくはオフラインで定期的なカリキュラムにする。こうして本でしか表現できなかったものを、より多くのチャンネルを通じて一般読者に届ける企画です。そうすれば書籍以外の収入にもなるわけですし。この過程に乗じて過去の出版タイトルの整理をして、版権の販売を拡大しようとも思っています。

　もちろん本屋をやっていて楽しいと思う瞬間はあっても、ロマンティックな感情はもうないです（笑）。自分の歳も歳なので、むしろこの讀字書店を通じてどんなクリエイティブなことができるか、それをずっと考えています。僕にとっては、出版社もネットも、この本屋だってすべて「実験」の場なんです。そこでどんなふうに読者にコンテンツを手渡せて、どんなふうにリアルな反応が返ってくるのか。僕はただそれが知りたい。それはエキサイトメントというよりは、ずっと続いていく仕事です。単純に僕はワーカホリックなんでしょうね。

——そんなふうに長く続けていくために、何が大事ですか？

　やっぱり僕の健康がいちばん大事ですね（笑）。常にアイデアがどんどん湧いてくるので自分を中心に友達とコラボしていく仕事のスタイルを取っているんですが、それだと仕事量がホントに多くて……。今後もずっと1人だと思っていたんですが、最近は真剣に人員を増やそうと考えています。ゆっくり人を育てて仕事を任せないと。そうすれば僕は早寝早起きができて、身体にも良いですからね！

逗點文創結社　commaBOOKS
https://www.facebook.com/commaBOOKS/

讀字書店　duzubooks
台北市大安區和平東路一段104巷6號
TEL 02-2369-6344　營業時間 14:00-22:00
https://www.facebook.com/duzubooks/

詩生活 poetry in life

香港出身の詩人が開いた台湾初の詩集専門店

　誠品R79(→110ページ)からの帰り、中山・赤峰街の路地を歩いていると偶然、「詩生活」と水色で勢いよく書かれた看板が目に入った。「詩人駐店」、つまり詩人がいつもいる店、とも記されている。韓国のソウルにも「wit n cynical(ウィットンシニカル)」という詩人が店主の本屋があるが……と思い出しつつ足を向けると、水色の木枠が縁取るかわいらしい店が現れた。

　4年前に香港から台北にやって来た陸穎魚さん(fish／1984年生まれ)が2017年5月にオープンした「詩生活」。売っている本はすべて詩集で、そのほかに詩を引用した(葉青／イエチンという詩人が人気らしい)オリジナルのポストカードや革製のしおり、缶バッジなど、詩に関連するグッズも販売。「詩沙龍(サロン)」とうたうように、コーヒーやお茶などのドリンク(詩飲料)も出している。

　「詩は22歳から書き続けていて、本はこれまで4冊出しているけれど、刷るのは多くても1000部くらい。それで、周りに独立書店を始める友達が多かったので、私も開いてみたいなと思って。本屋の経験はないけど、本が大好きだから。台湾で詩集だけを売る本屋はここが初めてだと思います」

　店は香港にいる友人と2人で共同経営している。並んでいる詩集は台湾の作家だけでなく、香港のものも多数。店内にはベッドもあり、友人の部屋に入り込んでしまったような感じがある。独立出版(自費出版)の詩集も応援し置いているが、発行部数はだいたい100～200部ほど。店内で新刊イベントや詩の朗読会も行なっている。

　「3年前の臺北詩歌節(Taipei Poetry Festival)に谷川俊太郎さんが来たとき、私がインタビューしました。若い詩人がSNSで詩を発信したりして、いま台北の若者、とくに大学

詩生活

「一人」の字をロゴにした「一人出版社」の本が多く並ぶ棚。
レーモン・クノー『文体練習』（中国語タイトル『風格練習』）も見える。

本屋と出版社がそれぞれ持ち場のカップル、陸さん（左）と劉さん（右）。

陸さんの第3詩集『抓住那個渾蛋』が並ぶ（下）。

生に詩が人気です。『晩安詩』という詩のFacebookページでシェアされて人気の出る若い詩人もいるんです」

　ソウルにも詩人が営む詩集専門店があると伝えると「え！私たち、明日から韓国に行くんですよ」と誰かに連絡し始めた。「私の夫は『一人出版社』という名前の出版社をやっています」と聞いて驚いた。今回取材はしなかったが、ストレートで面白い名前だなと気になっていたからだ。20分ほど話を続けていると、本人が「はじめまして〜」とやって来た。

　劉霽さん（リョウ・ジー／1978年台北生まれ）が2008年に1人で始めた「一人出版社（Alone Publishing）」はシャーキーさんの逗點文創結社（→60ページ）と並んで台湾の「ひとり出版社」の先駆けだ。文学を中心に映画や演劇の本など、年に4冊ほど出版。劉さんはもともと書籍や映画字幕など翻訳の仕事をしていたが、自分が好きな作家は自分のところで出したいと思い出版社を始めた。翻訳の仕事は今も続ける。

「翻訳も出版もやるのは僕が最初かな？ ひとり出版社、ひとり出版社って言うから、それを名前にしてしまおうと思って」。名刺を見ると"Read Alone. Think Alone"とある。

　陸さんが2016年に出した詩集『抓住那個渾蛋（あのくそったれを捕まえる）』も一人出版社の発行だ。「彼が本を作って、私は本を売ります」と陸さん。店内にはたしかに一人出版社の本がまとめて置いてある。「シャーキーのほうが出版点数が多いけど、1人なら年に4冊で十分。彼女が本屋で稼いでくれるしね。貯金は全部預けているよ（笑）」と劉さん。「それは嘘よ！」と返す陸さん。「お二人はソウルの本を作って、いまは台北、じゃあ次は香港かな？」と最後に劉さんが笑った。

詩生活　poetry in life
台北市大同區承德路二段75巷37號
TEL 02-2558-1343　営業時間 14:00–20:00
定休日 火　https://www.facebook.com/poetryxpoet/

073

博客來＋OKAPI

Janet Ho＋Azona Ho
ジャネット・ホー＋アゾナ・ホー
何珍甄＋何曼瑄

Janet Ho+Azona Ho　　何珍甄＋何曼瑄

INTERVIEW

多彩な「本」のコンテンツで人を読書生活へ引き込むオンライン書店発メディア

Bookstore

(左) ジャネット・ホー / 何珍甄
1981年生まれ　台北出身

(右) アゾナ・ホー / 何曼瑄
1981年生まれ　台北出身

博客來（ボーカーライ）PR担当＋OKAPI（オカピ）編集長

韓国の「アラジン」のように、台湾のネット書店の現況も知りたいと思った。そこで「台湾で最有力のオンライン書店は？」と書店主たちに聞くと、口々に「博客來」という答えが返ってくる。オンラインショップとして台湾最大規模だが、今や「OKAPI」という独自の読書サイトも運営中。と、その編集長が以前会った「男子休日委員会」のアゾナさんだと知った。本社に行くと博客來PR担当のジャネットさんも連れてきてくれた。

「読書と生活」提案のメディアを始めたオンライン書店

ジャネット： 私たちが勤めるオンライン書店「博客來（ボーカーライ）」の創業は1995年末なので、今年で23年目、創業者は張天立（チャン・テェンリー）と言います。アマゾンの設立が1994年なのでほぼ同じ時期ですね。2001年に、台湾でセブン-イレブンを展開している統一超商グループに入りました。張は今は博客來の株主で、2010年に「TAAZE」という別のネット書店を立ち上げました。1995年の台湾はネットショッピングの黎明期でもあって、ヤフーができたのもその頃ですよね。当時のネットショップが扱っていたのは雑貨がほとんどでしたが、創業者は本をメインにした書店として立ち上げたんです。現在の会員数は836万人、Facebookのフォロワー数は85万人。カバーしている地域は台湾のほかに香港、シンガポール、マレーシアで、グローバル配送に対応しています。

——博客來のライバルってどこになるんでしょうか？

ジャネット： 「ライバル」って何を意味しますか？　把握しているかぎりですが、2008〜2009年の博客來の売上はネット／リアルにかかわらず台湾の全書店の中で第1位でした。書籍販売からスタートしたのはたしかですが、2010年に雑貨や日用品なども扱う総合的なネットショップになり、今は書籍とそれ以外、つまり服や食品や化粧品や家電も扱っています。台湾のほかのネットショップは雑貨販売から始まったり、オークションサイトからECサイトに発展したりした店ばかりなので、博客來は特殊な存在なんです。だから「ライバルは？」と聞かれても少し困りますね（笑）。競合相手は特にないです。会員

076

博客來＋OKAPI　　　　　　　Books.com.tw＋OKAPI

「たくさんの客が訪れるように」を含意する社名。　　博客來サイトトップ（2018年11月）。

の属性も違っていて、ほかのサイトだと同じ商品なら安いところで買うといった比較的流動的な消費者なのですが、私たちの会員は文化的なものを重視します。

──台湾では書籍の価格割引の制限がないと聞いたのですが、それが本当なら、大型書店と独立書店、あるいはネット書店とリアル書店とのあいだで価格競争になりませんか？

ジャネット：博客來の場合（会員優待価格）、中国語の本は原則10％引きで販売しています。一部の専門書は5％引きで、輸入した洋書は割引していません。これを基本に、出版社と相談してさらに統一的な値引きをします。新刊だと21％引きです（注：ほかのオンライン書店、たとえば「三民」や「TAAZE」でも同じ新刊本が21％引きだったりする）。毎年旧正月前後に開催される台北国際ブックフェアでは本が30～50％引きで売られているので、そこに行けない人たちのために私たちも割引率を合わせてネット上でもブックフェアを行なう体裁にします。博客來はこうして、リアル書店と足並みを揃えるのが通常なんです。

　割引率に特に法的な制限はありませんが、ベーシックな割引率はだいたい決まっています。フェア時は30～50％引きで、出版社が在庫処分的に売りたいときにはさらに割引率が上がります。新刊は発行して1～2週間は21％引きが通例です。中国語で書くと「79折」となって、（日本語の「980円」のように）お得感を訴える心理的効果からだと思います。

──日本と比較して台湾の書店は仕入れが複雑で、多数の取次や出版社とやり取りするのが大変だと聞いたんですが、博客來にはバイヤー（MD）が何人いますか？

アゾナ：会社の全スタッフは300人近くいて、バイヤーは台湾内の本だけだと15人前後です。500社近くの出版社や取次と取引があります。社内の販売部門は書籍と雑貨とに大きく分かれていて、別々に買い付けします。ほかにはIT、カスタマーサービス、管理部門、販促、倉庫といった部署があります。

──そこで「OKAPI（オカピ）」のことを聞きたいのですが、これは博客來が始めたウェブメディアのひとつ、ですか？

アゾナ：はい。博客來が2010年11月にローンチしたコンテンツメディアで、正式名称は「OKAPI閱讀生活誌」。「読書指南」と「生活提案」のための情報誌です。現在の月刊PV（ページビュー）は68万、Facebookフォロワーは15万人。私は2015年3月から編集長を務めていますが、以前は時報出版という出版社で編集長、自轉星球文化という独立出版社でも作家のマネジメントや商品開発をやっていました。仕事とは別に友達と3人で「男子休日委員会」という、生活と旅行にまつわる創作ユニットを2012年から続けていて、これまでに『左京都男子休日』『北海道央男子休日』（それぞれ京都の左京区と北海道の休日がテーマ）の2冊の本を出しました。

ジャネット：私は出版、通信サービス、新聞メディア、広告代理店といった仕事をしてきました。

アゾナ：それで、OKAPIの準備を始めた2009年はちょうど台湾でFacebookの人気が出始めた頃で、ブログはもう成熟したメディアになっていました。当時は出版社の編集者の多くがネット上で自分が担当した本の編集記のようなものを書いていて、重要なPRの役割を果たしていました。博客來のサイト内にも書籍販促部門の文化事業部マネージャーが毎月共同で選書し書評を書く「博客來選書」や、毎週配信するメー

077

Janet Ho＋Azona Ho　　何珍甄＋何曼瑄

OKAPIのマスコットキャラクター。漫画の中では「OKAPI君」。

林姓主婦のOKAPIでの連載「林姓主婦的家務事」。簡単に作れる家庭料理のレシピを毎回紹介した。

ルマガジンで新刊を紹介する「編集レター」(「Bookpost」というサイトに転載)といったコンテンツがすでにあったのですが、専属の部署がありませんでした。ほかにも別サイトで簡易ブログを運営したりしていたんです。

ジャネット： こういったコンテンツがOKAPIの前身となり、当時の内容は今では整備されて「博客來獨書報」というページで見ることができます。「博客來選書」は今でも続いていて、毎月8〜10冊の本を博客來のMDがセレクトします。毎年末にはその年のベスト本を100冊ほど選出する「年度百大」という企画もあります。

アゾナ： OKAPIの成り立ちには当時の博客來の状況が関係しています。その頃の博客來は、書籍だけでなく音楽や映像など扱う商品ジャンルを拡大しつつありましたが、選書や書評を通じて「閱讀」を推進する媒体としてのニーズが日に日に高まってもいました（注：「閱讀」は「読書」よりも広い意味を持つ。英語の"reading"＝読むこと、に近いニュアンス）。そこで読書をテーマに媒体としての認知度とブランドイメージを高めるだけでなく、コンテンツづくりを通じて新しいクリエイターを育成しようともしたのです。当時の企画書にはニューメディア（動画、チャンネル、キャラクターなど）と言われる、時代を先取りしたコンテンツも盛り込まれていました。OKAPIも当初は本の内容紹介に関わるコンテンツ制作から始めましたが、販促という目的から離れるためにも、本の装幀を詳しく解説したり、編集作業の裏側を紹介したり、テーマ別に本をキュレーションしたり、といった内容も拡充していったんです。

ジャネット： テーマ別の選書というと、絵本や料理本などテーマに合った本をいくつか並べて読者に紹介するのが一般的ですが、私たちはテーマそのものから企画して自分たちで本を「ラッピング」していきます。ラッピングの対象には本と直接的につながらないものもあり、コンテンツの切り口をさまざまに変えてやっています。新刊・既刊の区別をせず、販促や割引の影響も受けません。第一の目的はあくまで「違う閱讀の楽しみ」を提案することであって、「本を売るため」ではないんです。

アゾナ： 私が編集部に入る前後からOKAPIのサイトがだんだん拡充されていき、インタビューも以前は作家ばかりだったのが、映画監督やミュージシャンにも行なうようになりました。従来の「書籍の紹介」に新たな視点や解釈を加えて幅を広げることが、OKAPIの役割だと考えています。ひとつ具体例を挙げますね。私たちが毎年力を入れているのが4月23日の「世界読書デー（世界閱讀日）」に関わるコンテンツです。本という文化のためにユネスコによって制定されたこの日は、書店にとってすごく大切な日です。OKAPIも著名人に選書してもらうだけでなく、サイト上で本にまつわる多彩なコンテンツを発信していきます。

ジャネット：「世界読書デー」といえば、かつては書店で読書推進のためのテーマを掲げ、ジャンルごとに本を陳列、といった具合だったんですが、コンテンツ重視の切り口から行くとこうなります（動画を見せる）。

アゾナ： これは「OKAPI閱讀生活隨堂考」という一種のオリジナル動画番組で（https://okapi.books.com.tw/activity/2017/04/reading/kitchen.html）、2017年の世界読書デーのためにOKAPIサイト上でフリーで公開したものです。SOACと林姓主婦という、料理家でレシピ本の著者でもある男女2人をキッチンに呼んで、料理をしながら好きな本を紹介してもらいました。林姓主婦は井上荒野著『キャベツ炒めに捧ぐ』を読みながら自作レシピをアレンジして鶏肉キノコご飯を作り、SOACは『トレインスポッティング』の廃人のような生活に対してお酒に合う台湾風から揚げを提案。そんな本と

2017年の世界読書デーに合わせた特別動画コンテンツ「OKAPI閱讀生活隨堂考」。

Janet Ho＋Azona Ho　　何珍甄＋何曼瑄

書籍化された『林姓主婦的家務事』(右)とその続編(左)。

料理の組み合わせです。最後には「どっち派？」という一般投票も受け付け、トータルで約3万7000票も集まりました。撮影前に番組の趣旨や方向性は2人に伝えますが、細かい指示などはせず、アドリブでトークしてもらっています。世界読書デーのために毎年異なるコンテンツを複数作っていますが、ここまで大がかりなものはそうそうありませんね。

書き手を発掘し、本の魅力を装幀からも伝える

——ほとんどテレビ番組を見ているようなクオリティですね。OKAPIの通常のコンテンツはどういう内容なのでしょうか？

アゾナ：メインコンテンツは「人物專訪」という著者のインタビュー記事で、これは月に3〜4本アップしています。出版社から提供される新刊情報をもとに、編集部のほうで取材したい人を選んでいます。出版社から広告料をもらったりはしません。今月（2018年4月）取り上げたのは、作家の何曼莊（ホー・マンツァン）が自分の住むニューヨークでダンスや文化について綴ったエッセイ『有時跳舞 New York』、児童文学作家のパトリシア・マクラクランが書いた子供と犬との暖かいストーリー『不想説再見』（原題『The Poet's Dog』）などですね。訳者に絞った記事は「譯界人生」です。

それ以外に「駐站作家」というコラムページもあります（注：駐站は「連載」の意味）。「張妙如圖説歐美文化」（アメリカに住んでいる張妙如が手書き文字で送る楽しいイラスト＋写真エッセイ）、「紀大偉研究生三溫暖」（文学者の紀大偉による文系研究生の気持ちに寄り添ったポップなエッセイ）など。このページの目的は、作家の創作意欲をサポートすることです。作家は通常、本の印税が入るまでは収入がありませんよね？ 私たちが面白いと思う作家に執筆を依頼し、話し合いの中からその人に合うテーマや方向性を定めて、執筆のあいだは原稿料をお支払いします。編集するのも私たちです。

——連載が終われば単行本として出版するんですか？

アゾナ：「駐站作家」の連載をまとめて本にすることは、基本的に想定していないんです。OKAPIの中には出版部もありませんし、連載の著作権は作家自身にあります。この企画の目的はあくまでも作家の創作支援にあるので、もし単行本化したいと作家が思えば出版社を探して出版すると思います。つまり私たちは書き手が作品を発表できるプラットフォームとしてもOKAPIを提供しています。そこで育った作家がめでたく本を出版した暁には私たちも取材・掲載できて、その本を博客來でも扱うわけなので、売上も入ってきます。そうしたサイクルがうまく循環すれば、作家にも私たちにも有益なコンテンツになります。

先ほどの林姓主婦さんも「駐站作家」出身なのですが、実はそれまで本を書いたことがありませんでした。営業の仕事をしていて結婚・出産後に専業主婦となり、ブログで丁寧かつユーモラスに自分の食事と離乳食の記録を綴っていたのを2015年に見つけて、その年のうちにOKAPIでの連載を始めてもらったんです。誰でも作れる家庭料理のレシピとライフスタイルの話を毎週日曜の昼に。半年後には出版社と契約し、さらに半年後の2016年に『林姓主婦的家務事』という本を出版。続編『林姓主婦的家務事2』（2017年）とともにベストセラーになり、刊行時にはOKAPIでも大々的に本を紹介しました。私はもともと本を作っていた人間なので、林姓主婦さんの場合は将来の書籍化を見越していましたね。

080

博客來＋OKAPI　　　　　　　　Books.com.tw＋OKAPI

2017年末の「年度書籍好設計」では38冊の本が選ばれた。

2017年の「年度書籍好設計」のひとつ、盛浩偉の『名書我之物』。装幀は空白地區の彭星凱。

—— そのほかにOKAPIならではのコンテンツがあれば教えてください。

アゾナ：ブックデザインに焦点を当てた「書籍好設計（グッドデザイン）」という企画で、サイト立ち上げ時からやっています。ちょうどその2010年頃に台湾ではブックデザインが重視され始めたんですが、それに特化したサイトがまだありませんでした。造本、つまり本の形は、読書人の共通言語ですよね？そこで「グッドデザインとは？」を切り口にOKAPIが1冊ずつじっくり紹介していこう、というわけです。出版社を通じてデザイナーや編集者に依頼し、本の写真とともにデザインの意図や成り立ちを詳しく説明してもらいます。年末にはその集大成として、その年の優れた装幀の本を選出して紹介する「年度書籍好設計」を掲載するのですが、2017年には詩集、絵本、料理本、旅行書と4つの分野ごとにそれぞれの著者が選ぶ「好設計的理由」と、選んだ本について制作者（編集者やデザイナー）が語る「好設計的現場」というコラボ特集を組みました。

この「好設計」は、年々より深く造本設計を掘り下げる内容になり、2016年から「OKAPI Check」という項目を導入しています。デザインを味わうための6つの観点、ということですが、「封面」はカバー、「内頁」は本文、「装訂」は造本、「材質」「印刷」「加工」は日本語と同じ意味ですか？　導入にあたり一般の読者向けに、造本表現を大きく左右する4つの手法（製本、加工、印刷、判型）について説明する特別動画も作ってサイトにアップしました。

—— こういったコンテンツをたくさん制作するにあたり、何人くらいのチームでやっているんでしょうか？

アゾナ：社内の編集は3人だけです。ほかのライターやカメラマンはフリーランスの人にお願いしています。大きなコンテンツとしては書評もあって、細かくジャンル分けしています。作家やライターに書評をお願いする「作家讀書筆記」、OKAPIスタッフが書く「OKAPI選書推薦」、詩人が紹介する「詩人／私人．讀詩」、ライトノベルの「一起讀輕小説」などです。今後は決まった作家さんに寄稿してもらいコラム化することも考えています。

—— そもそも博客來がOKAPIを運営する目的は何ですか？

アゾナ：サイトを運営するうえでいちばん重要なのは、アクセス数です。さまざまな読者をサイトに引き込むために、さまざまなコンテンツを用意します。OKAPIのコンテンツに惹かれてやって来た訪問者は、そこで紹介されている商品が気になれば自然と博客來のほうに流れていきます。

ジャネット：博客來のサイトでは書籍に加え日用品や服や食品も販売していますが、そこで制作するコンテンツは宣伝色が比較的強くなってしまいます。それに対して、ここ数年OKAPIでは、書籍のほかに映画や文房具など、生活に関係のある内容ありきのコンテンツを積極的に増やしています。そうしたコンテンツを通じてユーザーが商品に興味を抱けば、リンクを通じて博客來のサイトで購入クリックを押してくれ

書き手が作品を発表できるプラットフォームとしてもOKAPIを提供しています。

081

Janet Ho+Azona Ho　　　何珍甄＋何曼瑄

る。私たちとしても、ユーザーが商品を十分に理解したうえで購買のアクションを取ってほしいと思っていますから。

アゾナ：普通はサイトの横にいろんな広告が出てくると思うんですが、OKAPIのサイドバナーはすべて本に関係するものです。そのバナー、あるいはOKAPI内の本の画像をクリックすると博客來の書誌ページにたどり着くんですが、その本をもっと詳しく知りたい際にはOKAPIのコンテンツにリンクが貼ってあります。こうしてOKAPI→博客來→OKAPIという螺旋型のループが成り立っているわけなんです。

──そうした博客來へと飛ぶバナーを作るのに出版社は制作費を出したりしますか？

アゾナ：出版社がお金を払う必要はなく、私たちでバナー設置する本をセレクトしています。リンク先はもともと博客來に用意していた内容紹介のページです。その中から、コンテンツサイトのOKAPIと親和性のある、紹介すべき本を選んでOKAPIのサイドバナーに載せています。ユーザーがOKAPIの記事を読んで興味を持ったら、自然と博客來のほうに来てくれるでしょう。私たちが出版社と組んで特定の本を宣伝するときには必ず、その本が薦めるに値するかどうかで決めています。博客來サイトの編集者が社内通信で定期的に新刊情報を流し、OKAPIの編集者がその中からふさわしい本をピックアップする、というプロセスです。なので、どんな本にもすでに博客來の内容紹介ページがあるからといってリンクを設置するわけではないんです。

ジャネット：つまり出版社から見れば博客來とコラボしているようなかたちなので、サイトのコンテンツ制作費を含め出版社の費用はかかりません。

アゾナ：その代わり、博客來の販促キャンペーンに組み入れられた本の場合、割引率やノベルティといった部分でのコスト分担を出版社に交渉することがあります。たとえばノベルティだと、いま台湾で流行っているレシピ本には小さい器、身体トレーニングの本にはベルト、といった博客來オリジナルのグッズを付けたりしています。ですが、どちらかと言えば副次的なサービスです。ノベルティが売上増加につながることは否定できないですが、販売する側からしてもイレギュラーな物流コストが発生するので、頻繁には付けません。

まずは読書に興味を持ってもらうことが第一

──おそらく日本のオンライン書店がこうした企画性の高いコンテンツを積極的に制作したりはしないでしょうし、作ったとしても出版社から広告料や制作費をもらう気がします。

ジャネット：私たちは流通業なので、直接の売上は商品の売買からもたらされます。博客來のサイトにはお金で買える広告枠があって、たとえばトップページを開くと広告が出てきます。出版社や雑貨メーカーはこの枠を有料で買えますが、OKAPIはコンテンツメディアなので有料広告枠はありません。

──思うに、OKAPIのコンテンツは博客來という一企業の売上を支えるという目的を超えているように思います。

アゾナ：そうですね。OKAPIを通じてまずは博客來のことを好きになってもらい、その後に、最終的に売上が立てばという順番です。理想的な話をすると、本を買うという行為だけが「本が好き」という気持ちの発露ではないと思います。書籍購

博客來＋OKAPI　　　　Books.com.tw＋OKAPI

2016年の世界読書デーに合わせた取り組み「Reading＋」。
博客來上のコンテンツともしっかり連動している。

シティカフェとコラボした「一口咖啡、一本書」のコーヒースリーブ。
3人の異なる主人公の視点で書き出しを3つに書き分けている。

入というアクションの前段階に対して行なっているOKAPIコンテンツのさまざまな訴求は、出版社にとっては直接的・瞬発的なメリットがないようにも見えますが、読者がもっと本に興味を持ってくれるようにさらに工夫すれば、回り回って本の売上が上がっていくと思うんです。

ジャネット： 本というのは実用品と違って、新しかったり見た目が良かったり、話題性があるからといってそれがすぐ購入にはつながらない商品ですよね。そこが難しいところです。

──たとえばOKAPIの記事を読んで、博客來で本を買わずに他のリアル書店で買っても良しとしますか？

アゾナ： 逆によくあるのは、リアル書店で本を見つけて、博客來で注文するパターンなんです。

ジャネット： ネットで本を調べるとまずは博客來の情報が出てくるので、そこで注文する方が多いです。それでも台湾のリアル書店の中には誠品書店といった大手書店以外にも個性ある独立書店がたくさんあるので、ネットかリアルか、本をどこで買うか、という選択については人によって異なると思います。読者それぞれの嗜好があっていいと思いますし、書店ごとに販売する本の数や種類やサービスは違います。博客來であれば割引率や取り扱っているタイトル数といった利便性がほかの書店からすればなかなか追いつけない点かなと思いますが、私たちはどんな書店にも存在する理由があると思っているんです。実は以前、独立書店とコラボしたことがあるんですよ。

アゾナ： 博客來にとってリアル書店は競争相手ではありません。2016年の世界読書デーのときには台湾にある5軒の独立書店と共同して読書地図「Reading＋」を作りました。Mangasick、讀字書店、本冊圖書館、三餘書店、未來書店の5店に読者を擬似的に連れて行くイベントを企画し、書店それぞれの特徴を紹介したんです。OKAPIのFacebookページから申し込めば、各書店で行なわれたトークのライブ映像が特設サイトで見られるという仕組みです。博客來では取り扱っていない本（独立出版物）をたくさん紹介してくれたので、私たちも仕入れました。やむをえず取り扱えなかった本は、書店に足を運んで買ってくださいとアナウンスしましたね。普段からも「閲讀場域」というコンテンツでリアル書店で本を読む興味を喚起しています。

──OKAPIができたことで博客來の売上がどれくらい上がったか、実測値はありますか？

アゾナ： 残念ながら、そんなふうに計測したことはないんです。ただ、OKAPIから博客來への流入数は月に50万PVほどあります。出版社とのコラボではないのですが、OKAPIがきっかけで博客來オリジナル商品が売れた販促例ならあります。

ジャネット： お茶の文化が根強い台湾ですが、2015年前後からコーヒーの消費が増えて習慣化していきました。コーヒーが「黒金」と呼ばれていたくらいです。コーヒー豆やタンブラーなど、関連商品を多く販売していた私たちは「博客來 coffee festival」というイベントに合わせてコーヒーをテーマにした特設ページを作り、OKAPI内のコンテンツと連動した「一口咖啡、一本書」というキャンペーンを行ないました。グループ内のセブン-イレブンのカフェ（シティカフェ）とOKAPIがコラボして、オリジナルのコーヒースリーブを作ったんです。

アゾナ： スリーブに記されている文章はライターの「個人意見」さんによるものです。ファッションのエッセイで台湾では有名な作家なんですが、小説はまだ書いたことがなかった。

083

Janet Ho+Azona Ho　　　何珍甄＋何曼瑄

「文字的旅程──書冊」。
パッケージの制作過程もOKAPIサイトで公開されている。

「好好寫字帖」には多彩な厚紙や包装紙が同梱されていて、
339元（約1200円）で博客來で限定販売した（今は在庫切れ）。

そんな彼に執筆依頼をして、冒頭部分だけ別々の3人（「彼」「彼」「彼女」）から見た視点で書き分けてもらい、各スリーブに掲載しました。つまり出だしだけ3つの入口がある恋愛小説です。もしも続きが読みたければ、スリーブ上のQRコードからOKAPIのサイトに飛んで読むことができます。ほかの視点も気になってこのスリーブを集めたくなる、というのが狙いでもありますね。

このキャンペーンをイベントに発展させました。博客來もパートナーとして参加した同年2015年の台湾のデザインウィーク（TWDW）のために何か文字と関係するものを作りたいと考えていたときに、この個人意見さんの小説を違うデザインでパッケージすることを思いつきました。聶永真（アーロン・ニエ）にデザインしてもらい、ブラック、ラテ、ミルクの缶コーヒー風の容れ物に、この小説を印刷した冊子を詰めました。「文字的旅程」というプロジェクトです。フェア中の1週間限定の商品でしたが、完売しました。ネットで一度公開した小説でも形を変えれば買ってもらえるんだ、って学びましたね。

ジャネット： これは20周年を機に始めた「生活哲研所」という、本や紙のあるライフスタイルをテーマにした博客來のプライベートブランド商品のひとつで、これまでエコバッグやノートなど全部で11種類作ってきました。その中の「好好寫字帖」はいろんな材質や厚さ、用途の紙をまとめたパックで、すべて台湾で手作り。OKAPI自ら企画し、紙文化基金と製紙工場とコラボして制作した商品です。博客來では特殊な手すき紙を販売していて、その工場を取材したらとても面白かったんです。「生活哲研所」の中でも完成度が高く、思い入れが強いのはこれですね。

──今後、ネット書店とリアル書店が長く共存していくためには何が必要だと思いますか？

アゾナ： どんな読者にもそれぞれ購買スタイルがあって、ネットで買うのが好きな人もいれば書店に行くのが好きな人もいます。そこで私たちができることは、本をただ商品として流通させるだけでなく、人が読書を習慣化するためにコンテンツを開発することです。それではじめて出版産業が長く続いていくと思いますし、それこそが私たちの大切な目標です。

実は数年前から中高生向けに「青春博客來」というメディアも運営しています。青少年に向けて、本の紹介と読書の仕方、授業や自分探し、トレンドといった話題を提供しつつ、「讀家」という季刊新聞（平均5万部）を定期的に作っては全国で500近くの中学高校や図書館に無料で配布して読書の啓蒙活動を行なっています。読書習慣が人生でいちばん身に付くのは中高生の頃なので。この活動も必ずしも売上に直接的につながるわけではないんですが、読者の育成とネットショップの信頼構築のために、先を見据えて行なっているんです。

人が読書を習慣化するためにコンテンツを開発すること。それではじめて出版産業が続く。

博客來／OKAPI
台北市南港區八德路四段768巷1弄18號B1-1
博客來數位科技股份有限公司　TEL 02-2782-1100
https://www.books.com.tw/　http://okapi.books.com.tw/

荒花 wildflower

耽美的サロンの雰囲気をまとうセレクト書店

　台北の繁華街・中山エリアは片側5車線あるような大通りも、ひとつ脇道に曲がると急に狭い路地に入る。バイク部品・修理店が並ぶ赤峰街も、今や服屋や雑貨店やクラフトビール店など、小さくて個性的な店が点在する面白いエリアになった。その一角、古い建物の1階に潜むようにしてある「荒花」も、台北の本好きが揃ってその名を挙げるセレクト書店だ。

　原則的に取材は受けていない。今回は特別に「店全体を映す写真はNG」という条件付きでOKをもらえた。店主の1人、Lucさんいわく、「事前に店の写真を見てしまうと、実際に店を訪れたときに味わえる生の体験の感覚が薄れてしまう。ここはリアルな物を売っている店なので」。

　隠れ家と呼ぶにふさわしい、外界とは異なる時間が流れる店内に、台湾の若いアーティストの作品集から、日本やヨーロッパで買い付けてきた古書までが、オブジェとともに品良く並んでいる。寺山修司や澁澤龍彦、竹久夢二といった本から店の趣味嗜好がうかがい知れるだろう。「自分の好きなものを置いているだけです」というLucさんはもともとクローズドな読書サロンを主宰していた。いずれ店を開きたいと考えていたが、イメージに合う物件がなかなか見つからず、2年半ほど前にやっと出会ったのがこの場所だった。風情ある入口の鉄柵が店の世界観へと誘う。パートナーと2人で経営している。

　店の奥にあるギャラリーではアートブック刊行記念の展示や企画展を不定期で開催している。最近までカウンターでコーヒーやお酒、焼き菓子も出していたが、今は本の売り場に変えた。「それ目当てのお客さんが増えてしまって、本好きの人がくつろげないと感じたので」。店が儲かるとは端から考えていない。生活のためにコピーライターとしても働いている。店を続けていくためには「好きだという情熱を持ち続けること」が大切だと言う。

　「時間が経つほど経営を気にするようになって、最初の情熱が薄まりがちです。そうならないよう、常に新しいものを探して、新しい展示方法を考えています」

荒花　wildflower
台北市大同區承德路一段69巷7號
営業時間 14:00-21:00　定休日 火・水
https://www.facebook.com/wildflowerbookstore

新活水 Fountain

台湾の新しい独立文化の湧出を伝える雑誌

　台北の書店で「最近この本が売れていて」と言われ手に取った『新活水』という雑誌。奥付を見ると一番上に「蔡英文」（台湾総統）の名がある。しかも特集は台湾のZINE新世代。日本で首相の名のもとにこんな雑誌が出版されるだろうか？ 編集するのは中華文化總會という団体で、台北の書店主たちの薦めで行ったZINE展の主催者と同じだった。台湾の独立出版文化について『新活水』の編集長・張鐵志さん（チャン・ティエズー／1972年生まれ）に青鳥書店で話を聞いた。

　私が所属している中華文化總會（以下、文總）は1967年から50年ほど続くNGOです。民間組織なのに任期中の台湾総統が原則的に会長を務めるというちょっと特殊な組織です。文總の重要なミッションは台湾文化をもとに国内外で文化交流を促進すること。私は台湾で作家として暮らしていますが、過去に香港で雑誌の編集長を務めたことがあり、2016年には松山文創園區にオープンした閱樂書店の顧問としてイベントを多数企画しました。今はここ青鳥書店の顧問もやっています。そんな経緯で、2017年はじめに文總にやって来たわけです。

　私の文總での仕事はまず、3カ月に1回のペースで開催される展覧会を企画すること。今年の2〜3月にかけて「誌世代 my zine」と題して台湾とオランダの独立出版物（ZINEや地方誌を含む）を対置させる展示を開き、Knust Pressの創設者をオランダから招いてZINEづくりのワークショップも行ないました。あ、ご覧になりましたか？ 9月には東京・上野で台湾文化を日本に紹介するフェス（「TAIWAN PLUS 2018 文化台湾」）を企画中なので、ぜひ来てくださいね。

——『新活水』という雑誌を台北のどの書店でも目にします。

　私は文總が隔月で発行している雑誌『新活水』の編集長も

新活水　　　　　Fountain

ロック音楽に造詣の深い張さんは、音楽・文化評論についての本を多数出版している。

台湾とオランダの独立出版物が並ぶ「誌世代 my zine」展。台湾のローカルマガジンも多数展示されていた（2018年2〜3月）。

兼任しています。台湾の新しい文化の胎動を紹介し、「大脳をほぐし、眼球を刺激し、クールで視覚的にも楽しめる、セクシーな思想文化雑誌」とうたう『新活水』は2005年に創刊して一度デジタルコンテンツに移行したのち、2017年9月に大幅リニューアルして復刊しました。特集は、台湾で戒厳令が解かれ若者文化が爆発する契機となった「1987年」。その後は「新台劇2.0」、先の展示と連動した「ZINE世代」、デザイン新世代を捉えた最新号の「台灣美學」と、現在（2018年4月時点）まで4号発行。毎号7000〜8000部ほど刷っていて、いずれも売上は好調です。誠品書店や博客來といった大手書店では最新号が雑誌部門1位で、これまでの4号ともすべてランクインしていますね。造本もとても凝っているでしょう？

——こうして張さんにお会いしたのは台湾の出版文化全般に詳しいんじゃないかと思ったからです。いま台湾で独立書店が隆盛しているのはどうしてだと思いますか？

　世界同時多発的ですが、現在、台湾の出版業界全体も衰退してきています。旧来の大手書店はより厳しい状況に立たされ、本の売り場も縮小している。それと反比例するように、独立書店はここ数年で文化的な重要性を増していますが、それにはいくつか理由があります。第1に、若い人は特徴のある本屋を好むから。本の購入だけが目的ならネットで十分なこの時代、読者に特別な空間体験と選書の味わいを提供できる特徴的な本屋こそが生き残ります。2つ目は……ちょっと聞きたいんですが、日本人はネット書店でたくさん買いますか？

——もちろんアマゾンなどの利用率は高いのですが、再販制があるためネット書店でも紙の書籍の価格割引はありません。

　それがまさにいま台湾でも議論されている問題です。こちらのネット書店の本の価格は本当に安いので、独立書店にとっては不利な状況が続いています。台湾文化部（日本の文部科学省に相当）内でも日本の再販制のように法律で本の定価を統一すべきではという動きも出ています（注：台湾の書籍定価制度について、2018年の報道では近々法案がまとまり行政院文化会の討論に提出される予定）。それで独立書店が盛んな理由の第2は、近年、若い人たちが自分の故郷に帰るブームが起きていることです。最初から地元を離れない人も多いですが、農業を営んだり、クリエイティブな創作をしたり、もしくは若者同士で起業したりして、自分たちの故郷を変えようとしています。そうした流れの一環として、地元で独立書店を開く若者も増えました。さまざまな取り組みを通して地域の人々とつながって地元と外界を結びつけ、書店が地域コミュニティの文化基地としての役割を果たしているんです。

　こうした独立書店のムーブメントについてはかつて「ポスト誠品時代」と名付けて文章を書いたことがあります。1989年に仁愛路に初めて誠品書店が出現したとき、既存の書店と大きく違う洗練された空間とセレクトを経た本のラインナップに台湾人はおおいに魅了されました。しかし時代を経るにつれ、誠品書店の特徴は次第に大衆化し一般化していきます。それに代わるように、ちょうど5〜6年前から独立書店が増えて活発化してきました。私が「ポスト誠品時代」と呼ぶ時期ですね。ただし独立書店の経営も難しいので、開く店も多ければ閉まる店も多いです。

——どうして「ポスト誠品時代」に突入したのでしょうか？

　誠品書店が登場する前の台湾には、特徴のない街の小さな

Tieh-chih Chang　　　張鐵志

台湾・香港・中国の独立文化を考察した張さんの著書『燃燒的年代』。

本屋しかありませんでした。1980年代に入ると金石堂書店というチェーン系の書店が出てきましたが、市場で流行している本を揃える現代化された書店といった趣でした。それと違って、1989年に出現した誠品書店はまったくの衝撃。1階がレストランで、地下が広大な本のフロア。壮麗な内装の中に人文書や古典文学やアート本がずらっと並べられ、その横には高級な雑貨や陶磁器が置かれている。当時はちょうど戒厳令が解除され台湾の民主化が始まった時期にあたり、フェミニズムやマルクス主義といった、それまで本屋では扱えなかった批評性のある「新しい」本を誠品書店は並べた。時代の新しい思想と動きに非常にマッチしていたと思います。つまり、かつての誠品書店は「文化の象徴」として君臨していたのです。当時大学生だった私は入り浸っていました（笑）。

しかし21世紀に入って、博客來をはじめとするネット書店が台頭してきます。そうすると誠品書店はテナント経営に力を入れるようになる。フロアをライフスタイル系のショップに貸し出して利益を得るのです。その理由は簡単で、本の利益率が低いから。おのずと本の売り場はどんどん狭くなっていきます。今の時代、書店はもう本の販売だけでは成り立たず、さまざまなイベントを店内で行なって人々の興味を引きつけなくてはなりません。しかし台北の誠品書店のイベントスペースはそもそも限られています。台湾も大きくないので、今や作家が刊行記念イベントを催すときには誠品だけでなく独立書店のスペースをも選びます。こうした経緯で、書店文化の中心は次第に誠品書店から独立書店へと移ってきた。それが「ポスト誠品時代」というわけです。

―― 独立書店だけでなく、独立出版の動きも高まっているのはなぜでしょうか？

たしかに若い世代を見ると自分のコミュニティの中から自力で本や雑誌を作る人たちが増えていますね。社会的な背景には2014年の「ひまわり学生運動（太陽花學運）」があります（注：2014年3月18日に台湾の学生と市民が日本の国会議事堂に相当する立法院を占拠したことから始まった政治社会運動。4月10日に退去）。この運動をきっかけに、自分なりの世界の見方をもっと提示したほうがいいという機運が若者間に広がりました。NGO活動に向かう人もいれば、出版物を出す人もいて、それぞれの表現方法で実践活動が展開されます。たとえば『秋刀魚』（→116ページ）の創刊も、2014年です。

政府が出版物を作るよう奨励しているのもあります。文化部の補助金制度があって、何か文化的なプロジェクトを挙げて申請し、審査が通れば数十万元（数百万円）がもらえる場合もある。以前は新規書店オープンに対するものもありましたが、現在は主に書店のさまざまな活動が対象ですね。たとえば台中のある書店は辺鄙な街に行って読書を宣伝するプロジェクトを実現していました。補助金頼みで自助努力を怠ってしまうという懸念もあるでしょうが、ポイントは適切な書店がきちんと援助を受けられるかどうかです。台湾の中部や南部の書店イベントに台北の作家を呼ぶとなると、交通宿泊費やら何やらで大変ですから。

―― 独立書店を続けられる人の特徴は何でしょうか？

独立書店が続くか潰れるか、それには経営者としての能力や地域の特性など、いろんな要因が関わるので一概に言うのはちょっと難しいですね。ですが、独立書店を開く人がすごく本好きなのは言わずもがなです。そのうえで今、本屋を続けるためには、イベントを企画する能力がとても大事だと思いま

088

新活水　　　　　　　　Fountain

張さんが編集長を務める『新活水』は取材後の2018年11月現在、7号発行されている。

す。書籍販売のみの利益はすごく少ないので、イベント運営を中心に収益を上げている書店もあるでしょう。イベントは人を呼び込んで書店に活力を与える効果もあります。一昨年、私が関わっていた閱樂書店ではイベントを多数開催することで取材もかなり舞い込みました。おかげで著名な作家もトークするなら誠品書店じゃなくて閱樂書店を選んでくれるようにまでなったんです。この青鳥書店のように空間に特徴があって、美しいというのも重要ですね。それを見に行きますから。もちろん経営能力が必要なのは大前提ですが。

——若い世代の独立ムーブメントはもしかして、張さんが出版された『燃燒的年代』という本のテーマと関係がありますか？

　少し複雑な事情ではあるのですが、その通りです。『燃燒的年代』(2016年) という本の中で私は、最近の台湾の文化シーンにおける大きな変化について考察しました。若者が個性と特徴のあるものを好み、インディーズがメジャーを押し戻しているという現象は実は出版だけでなく音楽の世界でも同じです。独立系雑誌や独立書店の出現。台湾最大の音楽賞「金曲獎」のソング・オブ・ザ・イヤーはこの数年どれもインディーズ音楽から生まれています。

　こうした「新しい独立の世代」の中心にいる「80後」「90後」と言われる1980〜1990年代生まれの若者は台湾では「小確幸世代」だとよく形容されます。村上春樹さんの著書に由来する言葉ですよね。書店やカフェを開いたり、本や音楽を作ったりと、自分の手で何か表現ができて満足できるのなら、企業でバリバリ働いて稼がなくてもいい。物質的な満足よりも個人の自主性や自己表現を追求していく。これが今の若い世代の傾向だと見ています。だからこんなにもたくさんの人が本屋を始めるんでしょう。大きな組織の中で上を目指す20年前の価値観とはまったく変わってきています。

　ここ数年、台湾だけでなく香港でも韓国でも、新しいタイプの社会運動が起こっています。若い世代と、その上の世代とが価値観の相違から衝突し、摩擦を生み出していることが原因です。新旧のモデルのあいだで衝突の炎が燃え上がっている今が「燃燒の時代 (年代)」なのです。もはや主流のメディアや出版では若い世代の声を伝えることはできない。だからこそ、彼らは自分でメディアを作っては本屋を開くのです。

新活水　Fountain
台北市中正區重慶南路二段15號　中華文化總會
TEL 02-2396-4256　　https://www.fountain.org.tw/

089

店に入って右奥が小ギャラリー、左奥はカフェ。地下1階にも展示スペースがある。

Vincent Chen　　　陳炳檠

INTERVIEW

出版社と書店の両輪で
経験を積み重ねる
台北独立書店の開拓者

Publisher / Bookstore

ヴィンセント・チェン / 陳炳檠

田園城市（でんえんじょうし）代表

1960年生まれ　台南出身

1回目のASIA BOOK MARKET（2017年）のキックオフ・トークで台北の独立書店代表として呼んだのが、中山エリアに深く根を下ろす田園城市のヴィンセントさんだ。台北の書店・出版社の皆々から、おそらく日本の関係者からも兄貴のように慕われていて、その笑顔は惜しみない。先日も下北沢でばったり、日本の本を買い付けに来ている彼に会った。ギャラリーでの展示も旺盛だ。そのバイタリティの源は何だろう？

本の個性が発揮される現場として書店を開いた

　田園城市は書店よりも先に出版社としてあって、始めたのは1994年なのでもう25年も経ったことになります。書店（田園城市生活風格書店）は2004年にここ、台北の中山にオープンしました。自分で出版社を始める前は他の出版社で営業をやっていました。独立しようと思ったのは、日々営業回りをしていて、出版にはビジネスとしてさらに発展できる余地があると実感していたからです。もともと経営学を学んでいたのもあって、あと、私が好きなアートやデザイン系の本を得意とする独立出版社が当時の台湾にはほとんどなかったというのもあります。少なくとも、一般向けに開いた本を作る版元はなかった。自分のアイデアに自信があったので、これはうまくいくと思いました。

——最初からその出版社も「田園城市」という名前だったのですか？

　実は田園城市（出版社）を始める前に5年ほど、もうひとつ別の出版社をほかの人と共同出資して経営していました。「地景企業」（正式名称は地景企業股份有限公司）という名前で、地球の「景観（Landscape）」に関連する出版社という意味です。イギリス発祥の都市設計概念「ガーデンシティ」（注：東京の「田園調布」も同概念による都市計画）をもとに、当時は建築やエコロジーについての本を出版していました。その後パートナーとビジョンの方向性にズレが生じて別の道に進むことになったのですが、コンセプトを引き継ぎつつアレンジし、自分の出版社に「田園城市（Garden City）」と名付けた、というわけです。都市の中に農村があるという理想、つまり都

094

田園城市　　　　　　　Garden City

店内のカフェコーナー「Listen coffee」はプレス式でコーヒーを提供。

会的な生活の中にも美しい自然に触れられる豊かな日常があるという、離れがちな2つのライフスタイル（生活風格）のあいだを縮めたいという思いを込めています。

　だから出版業界に入って合計でもう30年になるんですが、「地景企業」は景観、それを継承した「田園城市」は建築がコンセプトなので、独立して最初に作っていたのは『景観設計元素』（ノーマン・K・ブース『Basic Elements of Landscape Architectural Design』の翻訳）など、やはり環境デザイン・建築系の本がメインでした。初期の5冊のうち4冊は教科書的な扱いでずっと増刷しています。10年ほど前から刊行する書籍のジャンルが増えてきて、建築、ランドスケープ、写真、都市や工業デザインといったものから次第に、人文、アート、カルチャーにまで範囲が広がってきました。

──出版社だけでなく書店も開いた理由は何でしょうか？

　オフィスを広いところに移したいのもあったのですが、当時の出版社と取次との取引の仕方に大きな疑問を感じていたからです。出版社と書店とのあいだには「総代理」もしくは「総経銷」と呼ばれる取次が存在していて、出版社の意向があれば聞いてはくれるものの、取次のほうから率先して動いてくれるわけではありません。だから直接取引ができて、自社出版物の個性や持ち味を表現できる書店がほしいなら自分で始めようと思いました。本の個性が発揮されるようなディスプレイ方法を自分のスタイルで実践し、本をより良いかたちで流通させるひとつの現場として。もと営業として書店の棚や平台に日々触れるにつけ、本や雑誌があたりさわりなく無個性に積まれているのに我慢できなかったんです。

　たしかに15年前の台湾で出版社が書店を開くなんて、聞い

たことはなかったです。一般にその必要もなかったのかもですが（笑）。それでも既存のシステムとは別の、書籍の独自な流通ルートや展開方法を開拓する必要がありました。出版社の利益構造も今後さらに縮小していくだろうと感じていたので、経営判断として新しい挑戦を仕掛けたんです。実際、その予想通りになりました。以前は出版社が新刊を取次・書店に卸すとすぐにその代金を払ってもらえたのが、本がなかなか売れなくなった現在の状況では、売れたら売れたぶんしか出版社には支払われません。結果、運転資金が滞って出版サイクルが遅くなり、出版点数も減ってきています。

　中山エリアに店を開いたのは、界隈の雰囲気と交通の便を考えてのことです。ここは直接に大通りに面しているわけではないけれど、だからこそその落ち着いた雰囲気があり、誰でも入って来るというよりは、好きな人だけが訪れて来るような特別な感じを出したかった。日本にもそういう店がたくさんありますよね。私も日本に行くと、自分の足で行きたい店を探し出します。こういう場所なら、自分の好きなものは自分で見つけるという、コアなお客さんを作ることができます。

──いま台湾で独立書店が多く生まれているのを見て、どう思いますか？

　正直、あまり良い現象ではないと思っています。独立書店が

本や雑誌があたりさわりなく無個性に積まれているのに我慢できなかったんです。

095

Vincent Chen　　　　陳炳燊

店内には香港や日本などアジア各国のZINEやリトルプレスも多く並ぶ。

増えているのは、開店に際して行政（文化部）から補助金が出るからです。5年前から始まった制度で、書店の規模や事情によって1店につき年間何万元かの資金が援助されます。しかし補助を受けるからには政府の広報活動もしなくてはならず、貴重な時間をそこに割くことになります。たいした金額ではないのですが、補助を受けてしまうと経営的に甘えてしまうことのほうが問題ですね。だから、独立書店にとって何より大事なのは、他力ではなく自力でうまく運営していくこと。補助金頼みで書店をやるなんて、ちっとも「独立」じゃないですよね（笑）。そう考えると、本当の意味で実力のある独立書店はそう多くはありません。本を並べた脇でコーヒーや農産物を売れば「独立書店」だと扱われたりもしますから。現在の状況が続くようなら、いま軒並み増えている書店は向こう2年ほどで淘汰されていくと見ています。

——なぜ書店に対して政府が補助金を出すようになったのでしょうか？

今から4〜5年前にこちらでは本屋が消えていった時期があったからです。台湾の本屋は基本的に規模が小さくて1回の本の発注量が少ないので、出版社から卸してもらうとなるとどうしても割高ですし、そもそも入荷できないこともあります。だから利益率も低い。その一方で、誠品書店や博客來といった大手の書店は常に大量にセールをしているので、小さな書店はとても太刀打ちできないんです。

そこで政府は業績の芳しくない書店を救済して持続性を与えるために補助を始めました。けれど実態はお金を与えるだけで、書店の個々のケースごとに話し合ったり、より良い経営方法を考えたりすることはなく、出版業界の課題に正面から対応したわけではなかった。書店文化を改善するための本質的な解決策にはならなかったんです。

利益率の低いなかでも絶えず実験をしていく

——そもそも台湾ではどんな書店でも、どんな本でも、割引が可能なんですか？　一般的な書籍流通の仕組みについて教えてください。

どんな本でも割引販売できるのが、日本にはない台湾出版界の特色です。書店に行くとよく「87折」とか「75折」とか、本にシールが貼ってありませんか？　それぞれ13％オフ、25％オフ、という意味です。大きな書店になればなるほど、値引きしやすくなる。よって独立系の小さな書店はどうしても書籍以外の雑貨や文具、食べ物や飲み物、農産物などを売って収益をカバーしないとやっていけないんです。

台湾の書店が取次を通して出版社から本を仕入れる場合、いちばん安くて本体価格の6.5掛け、普通は7掛けに、ほとんどの場合5％の営業税がかかるのがスタンダードです。たとえば本体価格が1000円の本だとして、出版社の取り分は450円（45％）、取次は200〜250円（20〜25％）、書店は300〜350円（30〜35％）ですが、そこから割引をするぶんだけ書店の利益は減ります。直取引の場合も、出版社は通常、書店に本体価格の65〜70％で卸します。ただ誠品書店と博客來の2大販路は別格で、出版社は誠品には委託でおよそ55％、博客來には60％ほど（8割方が買取）で卸します（それぞれ5％の営業税含む）。つまり出版社からすると誠品書店や博客來に直取引で卸すのと、独立書店に取次を通して卸すのとではほとんど利益率は変わらないんです。いちばんヤバ

田園城市　　　　　　　　　　Garden City

取材時に地下ギャラリーで開催されていた
「台湾大学の古い建築とつつじ」展。

Kino Stoolの台湾市場向け商品、玄関用の椅子。

いのは取次を通してこの2大書店に卸す場合ですね。そのぶん出版社の利益は少なくなります。個人が作った独立出版物を誠品書店が取り扱ってくれることはほとんどありませんし、新興の出版社が新刊を出さないと直取引を受け付けなくなってしまいます。だから私たちが一種の取次として独立出版物を誠品書店に卸すケースがけっこうあるんです。

ちなみに田園城市の場合、図書館や学校には本体価格の80％で卸します。私たちは創業当初から学校に訪問営業をして地道に販売ルートを開拓してきました。この場合は税金がかからないというメリットがあります。

──えっと……それでは、ここ田園城市で売っている本もすべて返品できるのでしょうか？

出版社としての田園城市が本を卸す場合、独立書店、それに誠品書店や博客來といった大手書店、そしてもちろん自分たちの書店（生活風格書店）、すべての書店が返品可能です。そのうち、独立書店には比較的安く卸すことにしています。私たちが書店としてほかの出版社の本を仕入れる際は、買取もあれば委託もあります。出版社ごとに条件が異なりますね。

──利益率の低いなか書店を経営してきて、これまでどんな問題に直面しましたか？

問題はないですね（笑）。いや、問題は常に起こってはいるけれど、ずっと解決し続けている感じです。いずれにしろ、書店の空間を絶えず進化させていく必要があると思っています。台湾の書店はそれほどアクティブではなく、お客さんが来店しても受け身の姿勢で静かに待っている印象です。基本的に

本はどの書店でも買えるので、おとなしく変化がない店にはそう頻繁に行く理由がなくなります。本はそこで待っていて、次に来てもらうまで長い時間が空いてしまう。だからこそ、田園城市でも絶えず展覧会やイベントを開いてお客さんに何度も足を運んでもらうための口実を作っています。そうやって店内のさまざまな本に触れてもらう機会を増やし、消費の習慣を作ってもらう。だからいつも考えているのは、どうしたらお客さんが来てくれて、来てくれたときにどうしたら常に面白くて上質な体験を提供できるか、なんです。

その入口のひとつとして、書店を開いて6年目（2010年）から地下1階のギャラリー「藝文空間」を始めました。2年前からは1階のオフィスだった部分も第2ギャラリーとして使い、もとの地下スペースも拡大しました。今は年に36回の展覧会を開催し、すでに今年の12月まで展示予約が埋まっている状況です（2018年4月時点）。台湾だけでなく日本や香港など、海外作家の展示も多いですよ。今年の1月にはちょうど藤森泰司さんの椅子ブランド「Kino Stool」の展示を行なったばかりです。出展者が友人知人に声をかけてくれるのか、展示のたびに毎回新しいお客さんが来てくれます。展覧会では作品を飾るのに作家から敷金をいただき、作品が売れたらその30％が田園城市の収入になります。

いま地下のギャラリーで開催中なのは、医者でもある画家が描いた「台湾大学の古い建築とつつじ」の展覧会です。日本統治時代の建築と、台湾では日本でいう桜のような存在で、学校に多く咲いている杜鵑花（つつじ）の組み合わせ。作品集は田園城市からではなく台湾大学の補助によって出版されています。展示をするかどうかの判断基準は、内容にオリジナリティがあって斬新かどうか、海外の人から見て「台湾らしさ」を感じられるかどうか。企画者の人脈やリソースも検討し

097

田園城市　　　　　　　　　Garden City

『はだしのゲン』の繁体字版、『赤腳阿元』。

ます。医者が絵を描いていると聞くと驚くじゃないですか。「アーティスト」じゃなくても個々人の才能を発揮できる場としてギャラリーを提供したいですし、そのほうが書店経営にとっても良いんです。光熱費や場所代もあるので展示する人がお金を払いますが、設営はスタッフと一緒にやります。1階のギャラリーのほうはできるだけライフスタイル寄りのものをやっています。今は器の展示ですね。街中のいたるところに置かれる展示のフライヤーは田園城市の宣伝にもなります。

　ギャラリーやカフェの売上は書店事業のほうに含めているんですが、出版事業との売上比率はおおむね半々ですね。書籍とギャラリー・カフェとの売上比率は常に変動していますが、最近の書店事業全体の収益は出版事業を超えてきています。書店だけど出版社でもあり、展示やイベントのスペースを複数備えている。これがほかの独立書店とは違う田園城市の強みなんだと思います。似たような形態がないのもあって、独立書店連盟（→21ページ）には参加していないんです。

―― そんなふうに、出版社と書店を両方経営していることから生まれるポジティブな効果は何かありますか？

　もちろん。まず書店側から見れば、出版の経験を活かした選書ができます。出版社に対する発注も通りやすくなって、展示のときには本を安く仕入れられ、対象となる本は期間中専売できたりします。各出版社との取引が長期的で、発注する量も種類も比較的多いのでこうして優遇してもらえるんです。出版社側から見れば、自分たちが作った本を売り出したいときに好きな期間、好きなように店頭に置ける。普通なら平積みも数カ月で終わりですが、自分の本屋があると長く売ることができますよね。もちろん自分たちのホームでトークイベントやサイン会、展覧会といったさまざまなイベントを行なえて、それらを出版企画にフィードバックできるのも利点です。

　ちなみに現在の出版スタッフは在宅で編集、デザイン、営業の仕事をしてもらっています。社員とフリーの人が半々で4〜5人います。ただし社員でもほかの出版社の仕事を受けてもかまわないので、フリーと大差ありません。田園城市のスタッフはみな出版業界の経験が10〜15年あるベテランで、その世代は在宅勤務が主流なんです。書店（ギャラリー、カフェも）は年末年始を除いて年中無休で、週末は自分を含め3人、平日は4〜5人体制です。

―― そもそもヴィンセントさんの頭の中にはどんな本屋にしたいイメージがあったのですか？

　私は自分でもかなりの本好きだと思うんですが、いつも消費者＝読者の目線に立って考えています。どうすれば読者が店に来てくれて、本を買ってくれるか。本屋の主役はあくまで本です。だから、カフェで出すコーヒーの種類も本の存在を邪魔しないように多くはありません。逆に、店内イベントやギャラリーの展示は異なる仕方で表現された一種の本だと思っています。書店内に1人、本についての豆知識やストーリーを語って読者を書店の奥まで引き込める人が必要ですね。自分の個性を打ち出して待つというよりは、読者に応えて積極

> どうすれば読者が店に来てくれて、本を買ってくれるか。本屋の主役はあくまで本です。

099

Vincent Chen　　　　陳炳槮

店内の本棚は特注したスタック用のカゴを重ねて作られている。

蒼井優のポップアップブック『うそっ。』はすでに20冊以上売れたそう。

的にかまっていきたい。結果、田園城市のお客さんは老若男女みな友達になります。

　これは私の経営理念でもあるのですが、本屋の中に世代差を作りたくはないんです。親子が店に来てもそれぞれが自分の居場所を見つけられる。本屋をそんな、若者と年配の方が一緒に来て楽しめるような場所にしたいですね。とはいえ、田園城市のスペースは限られているので、全世代を吸収するような幅広い品揃えにするわけにもいかず、内装デザインやライフスタイルを軸に選んだ本を通じて世代をつなげていきたいと思っています。ひとつ屋根の下で暮らしている家族には、きっと何か共通の嗜好があるはずですから。

マルシェやスーパーみたいに気軽に本屋に来てほしい

——内装といえば、本棚に使われているカゴが特徴的で店の雰囲気を形づくっていると思いました。

　田園城市の本棚のコンセプトは「菜市場」、つまりマルシェ、マーケットです。市場ってとても楽しいですよね。日常の延長にありながらも、新鮮な野菜や肉を直接手に取って、お店の人と楽しく会話したりする特別な時間。本屋を訪れたお客さんもそんなふうにして「本のマルシェ」から本を選んでほしいと思ったんです。あるいは毎日スーパーマーケットに行くくら

いの気軽な気持ちで。そこで、本来は書籍用には作られていない、実際のスーパーの売り場なんかで使われているスタック用のカゴを350個特注して作ってもらいました。台湾では1個200元（約800円）ほどでどこでも買えて普通は緑色とかなんですが、灰色に色を変えるよう依頼して。それを組み合わせてこうして本棚や平台を作りました。

　カゴだけだと本が傷むし、いかにも人工物っぽいので、棚の本を支える部分には自分たちでヤスリをかけた木材を使用しました。これで雰囲気がやさしくなります。このカゴって掴む部分があって本を入れてそのまま運べるし、レゴみたいに何段もスタッキングできるし、椅子にもテーブルにもなるし、とても使い勝手がいいんですよ。イベントをやるときもすぐに片付けてスペースを作れる。ブックフェアにはこのカゴのまま本を持っていったりします。何より普段は使わない素材なので、人の目を引いて店の印象を特徴づけられますね。そういえば昔、500元（約2000円）以上購入の特典としてスーパーに行くときのエコバッグを作っていました。青と白のストライプがかわいかったんですよ。

——店内には日本の本のコーナーがあって、かなりマニアックなものまで置いていますね。ヴィンセントさんが定期的に日本に行って買い付けていると以前聞きました。

　日本には2カ月に1回のペースで本を買いに行っています。1度に古本を400〜500冊、40〜50万円分くらい買い付けてきますね。行くのは吉祥寺の百年や下北沢のクラリスブックスといった古本屋が多くて、神保町はもう高くてそんなに行きません。探しているのは日本の伝統的な古書というよりは、デザイナーがほしくなるようなデザインに凝った本やアート本で

本棚のコンセプトは「菜市場」、つまりマルシェです。市場ってとても楽しいですよね。

100

田園城市　　　　　　　　　　Garden City

動物クレヨンはひとつ40元（約160円）。

『SUEP.BOOK1 Work』は英・日・中の3カ国語併記。

すから。あとは逗子。アート系の品揃えが豊富で、ほかの人は開拓していないので、この前は7万円くらい買ってしまいました（笑）。買ったらすぐ近くの郵便局から船便で発送し、次の駅に向かいます。日本の本以外にもトートバッグやポストカード、年1回の「活版TOKYO」のイベント時などに仕入れた雑貨や文具も売っています。売れるからというよりは、種類が豊富で面白いから置いてますね。

── そうやって日本から仕入れたものを売って、利益が出るんでしょうか？

　そう見えないかもですが、ちゃんと利益は出るんですよ（笑）。コーナーで売っている本はきれいな新品のようですが、すべて古本です。付けている値段の4割が仕入れ値になるようにしているので6割が粗利……ですが、本によっては下回る場合もあって、最低でも1冊300～400元（約1200～1600円）の利益が出るように設定しています。たくさん仕入れるのはたくさん売れるから。日本の本はすごく売れますね！　ただしほかの本屋さんが同じことをしてもうまくいかないでしょう。どんな本に価値があって、それが誰に売れるかは、出版業に35年携わってきた私の経験の蓄積あってこそだと思います。ギャラリーの影響もあってこのところ日本の本の売れ行きも良く、1回あたりの仕入れ量も増えました。台湾のデザイン事務所がオフィスに置く本を買いに田園城市に来てくれます。1度に1万～1万5000元（約4～6万）買っていく人もいますよ。

　今年の7月末には、店内にも本を置いている木藤富士夫さんと秋本机さんの2人展を開催するんですが、最近では日本だけでなく香港、韓国といった海外作家の独立出版物やZINEを田園城市で委託販売することが増えてきています。一般の書店には置いていないものです。郵送ないし手持ちで届いたりするんですが、そういった制作物は返品の引き取りもしてくれます。私が日本に行くときについでに持って行ったりもするんですよ（笑）。日本で買い付けるのは台湾から距離が近いからですが、今のビジネスが安定してきたら将来は欧米にも進出したいです。

── この前、東京・田原町にある本屋「Readin' Writin' BOOKSTORE」にも田園城市の本があるのを見ました。卸しているんですよね。

　そうなんです。日本に行くときはいつも浅草に泊まって、Readin' Writin' BOOKSTOREの落合さんのところに本を手持ちします（『秋刀魚』もヴィンセントさんを通じて置いている）。ほかに、神保町にある建築専門の南洋堂書店にも毎回本を納品しに行きますね。たとえばこの『SUEP. BOOK1 Work』（末光弘和・末光陽子著）とか。日本の建築家ユニットSUEP.の本なんですけど、台湾での展覧会をきっかけにまとめた台湾オリジナルの作品集です。

　日本の書店をたくさん回ってみると、蔦屋書店だけでなく街の小さな本屋にも個性にあふれた空間や中身を発見しますし、毎回行く本屋以外にも、新しい店ができれば訪れるようにしています。それらに刺激を受けて、台湾に帰ってくると自分の店でアイデアを試したりするのですが、必ずしもすべてが台湾にマッチするわけではありません。それでも日本の市場は台湾よりも大きいので、日本のアイデアは台湾でも通用する場合が多い。と同時に、Readin' Writin'のように互酬的にやり取りや企画ができるような日本の書店を常に探しています。国内外問わず本の可能性をさらに広げるために。

101

Vincent Chen　　　　　陳炳槮

左が李岳凌（リー・ユエリン）の写真集『Raw Soul』。

葉覓覓の詩集『越車越遠』(左)は田園城市の出版。クロス装に書名が刺繍されていて、2015年の博客來「好設計」にも選出。

——田園城市の出版部門は年に何冊くらい本を出しているんでしょうか？

　最近だと年に12冊くらいです。以前は社内で企画を通して自分たちで編集して出版、というやり方だったので1冊出したら次の本というペースで刊行点数も限られていました。でも近頃だと企画の持ち込みが多く、著者がいて原稿があればすぐ出版できる体制が整っています。独立出版が活発な今は、個人で本を出したい（出している）作家やアーティストと出版社が組んで出版するといった選択肢もあります。そういう著者をこちらから探すこともありますね。新しいやり方なので説明が難しいんですが、持ち込んで来る人は急いでいるので、すぐに出すというスピード感が大事です。

　それに、田園城市は本の流通についても有利な点があると思っています。藤井克之さんの『日本與台灣的風景畫（日本と台湾の風景画）』のように作家がお金を出して田園城市が出版し展覧会で売ることもできるし、朱韋さんの詩集のようにすでに印刷して出来あがったものを書店に流通させることもできる。その場合、必ずしも田園城市の名前をクレジットする必要もありません。台湾出身の写真家・李岳凌が日本で出版した『Raw Soul』(赤々舎)の台湾での流通はうちの卸しルートを使っていて、つまり台湾の書店がこの本を仕入れるときは田園城市を通す必要があります。独立書店、誠品書店や博客來、美術館や観光地の土産物屋などを含めおよそ100店舗ほどに卸せて、マージンは定価の30％を頂いています。一言で「書店」「出版社」と言っても、いろんなやり方、さまざまな可能性を模索しているんです。本屋はただ本屋をやっていればいい、という時代は終わりました。出版社も同じです。台湾は今ちょうどその過渡期だと思いますが、だからこそ田園城市は常に最前線を走りながら実験していたい。今や大手の書店や出版社こそが私たち小さな本屋・版元の経験やノウハウに注目しています。

——ということは、出版業界に参入したい若い人たちが相談に来ることも多いですか？

　その通り、多いです。書店や出版社を始めるのはたいてい1人なので、本が選べても経営にまでは考えが及ばなかったり、編集ができてもマーケティングがわからなかったり、それこそ海外の事情なんて把握できなかったりします。そんなときは業界の現状や私の経験を率直に教えてあげていますよ。考えるための材料を提供する感じです。私たちは常に失敗しながらやってきたので、それだけ成功の経験も豊富ですから（笑）。

「量的」な変化より「質的」な変化を積み上げていく

——台湾は誠品書店の影響力が大きいと方々で聞くのですが、実際どう思いますか？

　たしかに博客來と並んで誠品書店は一般的にたくさん本を売ってくれますが、リアル書店で一人勝ちになってしまうのは出版社にとって良いことではありません。今の誠品書店は本を売ることよりもテナント事業のほうに収益の軸足を移しているからです。本を卸す際は委託で割引も多いので、出版社がそこだけに頼るわけにはいきません。たとえば他には台北や桃園に展開する塾腳石（デェンジャオスー）という（文具なども扱う）チェーン系の書店があります。

　それに対して、独立書店同士は横のつながりがあります。ま

102

田園城市　Garden City

写真家・徐聖淵の『STRANGERS』も田園城市の出版。

だ地域ごとに1～2店という状況なので、独立書店の中ではそれほど競争し合ったりしていないんだと思います。現在は独立書店が集まって協会を作り、それぞれが仕入れたい本を取りまとめて出版社と折衝しています。協会がある種、取次の機能を果たしているわけですね。ただし運営コストがかかるので本を卸すときに少しマージンを載せるのと、注文取りまとめに時間がかかるのとで、すごく効果的とは言えないかもしれません。毎年の台北国際ブックフェアではここ5～6年、独立書店（や独立出版社）の出展料が無料だったり優遇されたりしているんですが、自分たちで出版している本がなければ実際はほかの出版社の本を売るわけなので、出展しても書店の存在をアピールするのがメインだと思います。

──田園城市のこれから先のビジョンを教えてください。

　出版社・書店としては今後もライフスタイルを軸に展開していきます。書店の空間デザインが鍵になりますね。スペースをもっと広げてギャラリー部分を活用し、そこからライブやセミナー、パフォーマンスといったコンテンツを発信していく。厳密に特化していくわけではないですが、その軸もあくまでライフスタイルです。出版社としてはすでに販売ルートが確立しているので、こちらもさらに可変的に、アクティブにしていこうと思っています。未来のモデルはどこかにあるわけではないので、自分で作っていくしかありません。でも、足りないものを教えてくれるのはやはりお客さんの直接の声ですね。

　私が良いと思う本屋も、はっきりしたビジョンやコンセプトを持っていると感じられる店です。その中でユニークな店をあえて挙げるとするなら、新北にある「小小書房」。「ArtQpie」という若いクリエイティブチームが台中で経営している空間

「本冊 Book Site」、強い個性が光る台南の古本屋「城南舊肆」あたりでしょうか。あと最近、竹北でオープンした「或者」も気になっています。ビジョンを持ったうえで、さらに日々面白く進化していかなければならない。現代の書店経営は簡単ではないです。

──「田園城市みたいに書店や出版社を長く続けていくためにはどうしたらいいですか？」と若い世代から聞かれたら、どう答えますか？

　絶え間なく変えていく、ということに挑戦すべきです。小さな変化でもいいので少しずつ積み重ねていって進化してみてください。今いる場所に留まって動かないのがいちばんダメです。「あ〜今日もうまくいかなかった」ってただ嘆いていても何も変わらない。変化することで経験が生まれます。その経験が蓄積されて、のちにすごいパワーになる。それはただ店を大きくしたり新しくしたりするための量的な変化ではなく、自分の持ち味や内面や人柄、そして人情でつながるお客さんとの関係性といったものについての質的な変化です。田園城市に来るたびに毎回面白いな、と思ってもらえるように。私のモットーは「借力使力」。相手の力を借りて、自分の力にしていく。これもひとつの経験だと思って怖がらずに、ゆっくりチャレンジしてみてください。経験すれば失敗が怖くなくなっていきます。だって私も昔はそうでしたから（笑）。

田園城市　Garden City
台北市中山區中山北路二段72巷6號　TEL 02-2531-9081
營業時間 日〜水 10:00-19:00　木〜土 10:00-20:00
https://zh-tw.facebook.com/gardencitypublishers

小小書房 Small Small Bookshop

店の地下がイベントスペースになっている。

虹風さんが書いた書店開業指南書『開店指「難」』と、10周年記念に本や出版について綴った『馴字的人』。

学びながら濃いコミュニティを作る街の独立書店

　台北の書店を回っていると『開店指「難」』という本をよく見かける。「内装はIKEAでいいですか?」といった質問に答えながら書店開業にまつわる困難について解説した本で、「小小書房」はその著者・虹風さんが経営する店だ。学生が多く住む新北市の永和区に位置し、オープンして今年で12年になる。誠品書店で会報誌『好讀』の編集やオンライン部門の運営などに深く携わったあと、独立してこの本屋を開いた。

　扱っている本は幅広いが、文学、人文・社会科学系のやや硬派な本が目立つ。最近は環境問題やパーマカルチャーの本に力を入れている。店名について尋ねると「店の本が硬いので、名前は軽やかで入りやすくしたいと思って」と虹風さん。たまに児童書の専門書店かと間違われるのが悩みだという。

　売り場はカフェが連続していて、地下にも小さなイベントスペースがある。月曜日は文芸研究、火曜は文章教室、水曜は台湾語講座、木曜は社会学の読書会……と曜日ごとに毎日「読む体験」をサポートする小さな講座や読書会を開催している（金曜日は刊行記念イベントなどのために空けている）。「哲学や音楽、BLの講座もあります。私たちがやっているのは、ある特定のタイプの読者人口をゆっくりと増やしていくこと、作者との密接な交流を生み出すこと」。大型書店では作るのが難しい、小さいけれど濃いコミュニティが生まれている。

　出版も行なっている。ユニークなのは文章教室から生まれる雑誌『小小生活』だ。「永和エリアの生活や歴史をテーマに受講生が企画を立てて、取材や文章はこちらが指導します。最新号は街の古い文具店を訪ねました。受講生は自分の生活圏に関心を持ち、そのストーリーを知るための技術を身につけられる。現代人の生活は孤立していますが、お互いを認識し理解を深めることで、売買や消費だけの関係から抜け出せる。それが社会のコミュニティに入るということです」

　最低100年続く店にしたい。「私たちの経営の核は『積み重ね』と『分かち合い』。10年ごとに段階を分けて考えていて、自分が50歳になったら後継者を育て始めようと思っています」

小小書房　Small Small Bookshop
新北市永和區文化路192巷4弄2-1號
TEL 02-2923-1925　営業時間 11:30-22:30
https://smallbooks.com.tw/

閱樂書店
YUE YUE & Co.

開店の端緒のドラマ『巷弄裡的那家書店』のノベライズ本。

本屋ドラマの中から生まれ出た本屋

　市内を東側へと走った先にある松山文創園区は、華山1914文創園区と並ぶ台北の「文創」（文化創意）の拠点エリア。植物園のような入口を抜けると、重厚な2階建てレンガ造りの建物が延びていく。ここは日本統治時代の1937年に建設された巨大なタバコ工場（台湾総督府専売局松山煙草工場）の跡地なのだ。その奥に、見つけられることを待っていたかのように、緑色した木造平屋が現れる。その明治の小学校のような佇まいの本屋は「閱樂書店」と言う。

　店に入ると、天井を渡る美しい梁の構造に目がいく。革張りのソファーに、白熱灯が柔らかく光を添える。「レトロ」という言葉がぴったりの、本屋カフェという雰囲気。店長の陳威豪さん（チェン・ウェイハオ／1975年生まれ）は2017年の4月に着任し、以前は早安財経文化というビジネス書の出版社で営業担当だった。青鳥書店（→36ページ）のサンサンさんが話したとおり、この建物が2014年に『巷弄裡的那家書店（Lovestore at the Corner）』という独立書店を舞台にした恋愛ドラマのロケ地になったことから、閱樂書店は生まれた。

　「夢田文創というドラマの制作会社がここにありまして。この建物はもともとタバコ工場の託児所でした。工場で働く人々の生活が一帯で完結するように。ドラマ撮影のために整備して、本棚を作り付けていきました。選書の軸は『思想とクリエイティブ』。概念が変わるような、観点のある本です」

　『巷弄裡的那家書店』の中で主人公は恋人の失踪を機に医者を辞め、宜蘭で「閱樂書店」の店主として働く。彼女が失踪前に執筆していた小説にも実は同名の本屋が登場していたことが発覚し……と、架空と現実が交差する。店の奥の廊下に出ると、そこはギャラリーだ。イベントは店主催のものが月に2〜3回。トークの要点を模造紙に書き込んで展示する手法が面白い。「昨日もドキュメンタリー映画の撮影でした。でも本の販売や撮影だけでなく、多元的・多角的な経営をすることで人々との接点をなるべく多くしたいと思っています。来た人が写真を撮って帰るだけにならないように」

閱樂書店　YUE YUE & Co.
台北市信義區光復南路133號
TEL 02-2749-1527　営業時間 9:00-21:00
https://www.facebook.com/yueyue.company/

Shine Lin + Emily Yang

誠品書店

The eslite bookstore

シャイン・リン＋エミリー・ヤン

林萱穎＋楊淑娟

Shine Lin+Emily Yang　　林萱穎＋楊淑娟

INTERVIEW

アートと人文の選書で
台湾の書店新時代を開いた
大型ライフスタイル書店

Bookstore

(右) シャイン・リン / 林萱穎
1975年生まれ　台北出身

(左) エミリー・ヤン / 楊淑娟
1972年生まれ　台南出身

誠品書店（せいひんしょてん）ディレクター＋シニアマネージャー

書店の中にキッチンを併設し、テナントに異業種を取り込む。「ライフスタイル書店」のパイオニアとして世界に知られ、美しい内装を含め蔦屋書店のモデルにもなったと囁かれるのが「誠品書店」だ。市内に大型店舗を多数構え、最近は中山地下街の書店街をリノベーションしたことでも話題になったが、2019年の日本進出も発表された。店舗とイベント運営、それぞれのキーパーソンの話にも、創業者の理念が染みわたる。

読書と芸術の生活文化を再興するために

――「台湾の書店文化は誠品書店抜きには語れない」と、いたるところで耳にします。まずは沿革を教えてもらえますか？

エミリー：1989年3月12日に創立の誠品書店は来年（2019年）でちょうど30周年を迎えます。現在45店舗（台湾に41店、香港に3店、中国に1店）あり、従業員は全台湾で700人ほどです。メインの事業は書籍販売ですが、ほかにもショッピングモール、コンサートホール、映画館、劇場、ギャラリー、レストラン、カフェ、バー、ホテルといった多業種に展開しています。このような事業多角化は創立期からやっていて、書店1号店（誠品敦南店）の中にはすでにギャラリー、アート空間、ティールームがあり、西洋の工芸ブランドが入っていました。
シャイン：創業者の呉清友（ウー・チンヨウ）はそれまでに厨房設備会社を経営していて、書店やギャラリーは当時39歳だった彼にとって新事業でした。本業はとても成功していましたが、どこか精神的な空虚を感じていた自分自身にとっての存在意義を探そうとしたんです。1987年に戒厳令が解除されたあとの台湾で読書と芸術の生活文化がとても希薄化していることを嘆き、自分が本当にやりたいことを事業にすべく、書店とギャラリーを開きました。「Reading」と「Art」は精神生活を送るうえで呉がとても大切だと考えていた2つです。そうして1989年、台北の仁愛敦南ロータリー前に人文・芸術専門書店として誠品書店はオープンしました。扱う書籍の3大ジャンルはずっと「芸術・人文・文学」です。
　私たちが創業以来大事にしている3つのコアビジョンがあります。"空間"、そこで起こる"出来事"、その空間と出来事を結びつける"人"です。書店のあとに生まれたコンサートホー

108

誠品書店信義店の雑誌コーナー。

ルや映画館、レストランといった事業も、すべてこのビジョンから発展して生まれたものなんです。

エミリー： だから、誠品のスタッフは自分たちが本を売っているだけだとは思っていません。私たちが行なっているのは「読む」ことに関連するすべてのアクションです。誠品書店の空間に入った誰もが、大切な1冊の本と出会うだけでなく、自分の心を落ち着かせる何かを見つけられたらいいな、そう全社員が思っているんです。

シャイン： 私とエミリーは長いあいだ書店員として働いてきました。現在エミリーは台北でもっとも重要な3店舗（敦南店、信義店、松菸店）の統括マネージャーで、私は台湾内の全店のマーケティングに関わる主幹ディレクターです。今は2人とも売り場の最前線で働いているわけではないですが、自分たちが1人の書店員であるという想いを忘れることはありません。

——2人とも社会人としてすぐ誠品書店に入られたんでしょうか？ それとも何かほかの仕事をされていたんでしょうか？

エミリー： 誠品は2つ目の職場で、それ以前は小学校の非常勤の先生をやっていました。ただ、自分は本屋で仕事をするべきだとずっと思っていたので、地元の台南に初めて誠品書店ができたとき、すぐに応募しました。それからまるまる18年が経って、今年で勤務19年目です。

シャイン： 私ももう20年目で、同じく2つ目の仕事です。最初はラジオDJをやっていました。大学では貿易について学んでいたので、DJにしろ書店員にしろ、両親には喜ばれませんでした。書店員を3年続けてやっと私が好きな職業を選んでいることが伝わって、今では両親にも応援してもらっています。

エミリー： 私も書店に入って最初の半年間は両親に転職したことを言えませんでした（笑）。

——先ほどの3つのビジョンでいえば、エミリーさんが「空間」担当、シャインさんが「出来事」担当、ということになるんでしょうか？

シャイン： うーん……そういうわけではないですね。私たちからすると先の3つの要素は切り離せないんです。イベントを生み出したのが私だとしても、それはエミリーとの協働なくして

109

Shine Lin+Emily Yang　　　　林萱穎＋楊淑娟

1989年に開店した誠品書店1号店・敦南店の当時の様子。
『新活水』第1号より。

中山駅地下街にある誠品R79の店内。
ジャンルごとの部屋がアーチ型のトンネルでつながる。

実現できません。空間を通じてみなさんにイベントを体験してもらい、書店が楽しい空間だと思ってもらうのが大事です。

エミリー： 書店で働いている者はみな、いちばん生き生きしているのは読者だと知っています。私たちは単に、本と読者が出会う空間を作り出しているだけなんです。

「本とそれに関わるすべてのもの」

── 誠品書店のイベントはどれくらいの頻度で開かれているんですか？

シャイン： 年間5000ほどのイベントがあります。その全部を私たちが企画しているわけではなく、これは誠品全店の空間で開催されているイベントの総数です。こんなにも行なえるのは、それを支えてくれる読者がたくさんいるからです。書店内でイベントをするのは、読者に常に期待感を与えるのが目的です。たまたま誠品書店を訪れたとしても、いつも面白いこと、非日常的なことに出会える。私たちが空間・出来事・人を組み合わせてクリエイティブな取り組みをするのは、書店が読者にとって生活の場として組み込まれ、そこで新しいことを体験してもらうためなのです。

　イベント開催に最も活発なのは、信義店です。ビルが6階建てなので、大きなイベントだと上下のフロアも使い、週末になると違う階で多発的に開催します。1カ月に平均40〜50件のイベントがあるでしょうか。クッキングスタジオを使った料理講座は毎週やっています。

── 特に力を入れている取り組みがあれば教えてください。

シャイン： 大型企画がいくつも並行しているので選ぶのは難しいのですが、今年（2018年）の5月、7月、9月にそれぞれ大きな展示を予定しています。7月は手塚治虫生誕90周年にあたり、「24時間手塚治虫書店」と称して敦南店に大型の漫画パネルを展示し、ここ誠品R79にもポップアップスペースを作ります。9月には、いわさきちひろ生誕100周年を記念して日本のちひろ美術館と提携し、誠品R79で大規模な展覧会をします。若手売れっ子作家の張西、『The New York Times』にも掲載されたことのある挿絵画家の川貝西とコラボしたアート作品を、地下街の通路全体にわたって展示する計画です。直近だとこの5月末に、スイスの有名な出版者でありデザイナーのラース・ミュラーを招いて台湾では初の展覧会「紙間現實：回應真實的設計」を信義店で開催します。京都、東京、上海と巡回したのちに台湾に来るんですが、ブックカバーをデザインするワークショップも予定しています。あとは9月に、中山駅付近の三越2号館があった場所に誠品生活南西がオープンします。

── 誠品書店をモデルにしている本屋も多いと思うんですが、そうやって世界の先進事例として認められているのはどうしてだと思いますか？

エミリー： 答えはひとつしかありません。誠品書店のキャッチコピーにその理由を形容できるものがあります。「Books and Everything in Between」。「本とそれに関わるすべてのもの」という意味ですが、私たちはいつも「読む」ことに関係するあらゆる行為について議論を重ねています。書店でこんなにも長く働けるのは、書店という空間がもっと彩り豊かになって、読書にもっと興味を持ってもらって、読者からの「どの本を読

誠品書店　　　　　　The eslite bookstore

誠品R79のある地下街に、いわさきちひろの水彩画と張西の書く物語が合わさったパネルが展示された（2018年9月）。

誠品グループが毎月発行しているフリーペーパー『提案』。

んだらいいですか？」という問いから始まるコミュニケーションを常に願っているからです。自分たちが先進的だとは思っていません。書店をやるなら謙虚でいなさい、と創業者には言われてきました。華々しい本屋になりたいのではなく、もっとも人の印象に残る本屋になりたいんです。

シャイン： ちょっとイベントを例に挙げますね。少し前に、ほかの書店では見られない特別なイベントをやったんです。私たちは1冊の本のためにスペースを割いて特別に展示を企画することがあります。日本の『大人の科学』はすごく良い雑誌だと思っていて何度も編集者を取材しに行ったんですが、2013年、同誌付録の新型ピンホール式プラネタリウム「REAL STAR」を使って信義店でイベントを開催しました。そのプラネタリウムがすごいのは5万個の星を投影できることで、店内の本棚と本棚のあいだに観賞用の部屋を作って「書店の天文台」と名付け、「本屋でいちばんきれいな星空を見ませんか？」と宣伝しました。その年は編集長の西村俊之さんを台湾に招いてイベントツアーもして回ったんですが、「こんなこと、日本ではありえない」と帰国するのを惜しまれていました。『大人の科学』は科学雑誌ですが、その編集者はみんな幼い頃に学研から出ていた科学本を読んで育った人たちだと聞きました。子供の頃の情熱を、大人になってもずっと持っていてもらいたい。そんな思いが、好奇心あふれるこの雑誌を作り出したんですね。

独立書店やネット書店とも一緒に可能性を探っていく

——同業として展開するネット書店や独立書店について、どう思っていますか？

シャイン： 台湾の独立書店のオーナーに対してはリスペクトしています。誠品書店を辞めて自分で本屋を始めた人もいて交流がありますし、私たちとしても常に読書市場を広げたいと思っていますから。それは独立出版社に対しても同じで、誠品書店では独立出版社専門の本棚を設けて販売しています。普通の本屋ではこうして集合的に取り上げることはないので、誠品ならではの取り組みだと思っています。

エミリー： 独立書店とのコラボについては、ひとつ事例がありますよ。誠品書店25周年のときに（2014年）、名作古典を紹介する企画を実施しました。台湾の読者のために500冊の古典をセレクトし、その1冊1冊の表紙に編集者が書いた推薦文を付けて、特設の本棚に展開するという内容でした。それを聞きつけた台中、台東、台南、花蓮といった、誠品書店の支店がない各地の独立書店から、その素材を自分たちも使いたいという申し出が来たので、もちろん提供しました。その推薦文を、誠品書店が毎月1日に発行している冊子『提案』にまとめて、1店につき100冊ほど、地域の読者との交流に活用してほしいと各地の独立書店に配ったんです。この取り組みによって独立書店との関係も強まりました。

——ネット書店との関係性はどうでしょうか？　あるいは、リアルな書店に来てもらうためにどんな工夫をしていますか？

> 華々しい本屋になりたいのではなく、もっとも人の印象に残る本屋になりたいんです。

111

誠品生活松菸店の隣にあるホテル「誠品行旅」は全104室。1階ラウンジにも本が並ぶ。

誠品生活松菸店内には吹きガラス体験ができる工房も。

誠品書店　　　　　　　　　The eslite bookstore

「誠品知味市集」では対象の食品と本がセットで15％オフになるフェア「書菜配」も開催（2018年6月）。

エミリー：ネット書店がリアル書店に大きな影響を及ぼしているのは世界中のどこでも起きていることで、抗うことのできない潮流です。だからこそリアル書店の存在は貴重で、誠品書店が大事にしている精神「本と人とが出会う良い空間を提供する」に変わりはありません。ただしネット書店も運営している私たちとしては、ネットとリアルとのあいだで他とは違う新たな可能性を探求していきたいと考えています。ネット書店が台頭している流れを変えるのではなく、それをオープンマインドで受け入れて適応していくべきです。

リアル書店ならではの新しい模索として、今年の6月にはリニューアルした信義店の3階に「誠品知味市集／the eslite flavor Marché」というマルシェのようなスペースを設け、レシピ本とともに新鮮な野菜や果物を売る予定です。一人暮らしの人が買いやすい量でパッケージされた食材を吟味しながら、その扱い方がわかる本も買えて、料理教室では食材を使って実際に調理もできます。さまざまなライフスタイルの提案を通じて、読者にもっと書店という場が必要だと思ってもらうための挑戦です。

——本当は本の売上でやっていきたいのに、それだけでは難しいからほかに雑貨や文具も扱っている。そんな悩みを日本の書店の多くが抱えていますが、誠品書店はどうですか？

エミリー：書店経営が大変ななかで、正直、本でないものを売ったほうが利益が出るというのはわかりますし、私たちも向き合っている現実です。それでも、誠品書店の原点が本屋だということは忘れてはいけません。本以外の商品との組み合わせであっても、すべては「読む」ことをより豊かにするためのものです。あくまで主役は本なんです。

シャイン：私は下北沢の本屋がすごく好きで、この3月に日本に行った際もたくさん本を買いました。人がネットで本を買う理由は2つしかありません。1つ目はとても便利だから。2つ目は、台湾の場合ですが、ネット書店の値引き率が高いからです。しかし私たちが続けているのは、本に盛り込まれている豊かな内容を、書店という現場で、読者に対してしっかり伝えていくことです。そこに常に最大の力を注ぎます。だから誠品書店の売り場でいちばん大事なのは、選書のテイストです。各ジャンルのどの本にどんな読む価値があるのか、どの本がいま大事なのか、一目でわかるように工夫されています。その空間に良い音楽が流れていて、良い照明もあって、良い店員がいれば、人は必ず書店で本を買うと思います。

エミリー：私たちのライバルはネット書店ではなく、永遠に自分自身だと思っています。もしくはInstagramやゲームといった、ほかのさまざまな娯楽や時間そのものです。

——誠品書店のスタッフはどんなふうにして選書のトレーニングを積むんですか？

エミリー：誠品には店内の本はすべて持ち帰って読んでいいという福利厚生があります。1度に2冊まで、5日間借りられる。読んだあとで購入する人もいます。

シャイン：不定期ですが、ひとつのテーマに関連する本を一度に何冊選び出せるかという課題を設けて、展示スペースでワークショップすることもあります。そうした実習を通じて、何度も何度もトレーニングを積み重ねていくのですが、ある一定のレベルに達するまでは1〜2年はかかりますね。

エミリー：テーマに合う本をテーブルに持って来て、いくら売上が立てばいいかということを考える、経営のトレーニングで

113

Shine Lin＋Emily Yang　　　林萱穎＋楊淑娟

創業者の吳清友氏（左）と娘で現・誠品グループ理事長の吳旻潔氏（右）。誠品書店の哲学を記した林靜宜著『誠品時光』より。

誠品R79の書店員選書コーナー。今回のテーマは「18歳までに読む本」。

もあります。その先にはじめて、たとえば「失恋したときに読みたい本」といったテーマごとに店員が選書して陳列する、ポップアップが可能になります。そのためには多様なジャンルの本を知らないとどうにもなりません。選書トレーニングは読書の深度と感度を高めるんです。

シャイン：これは実際どの店舗でも行なわれています。店ごとにテーマが違うのが面白いですね。本を読むのが好きじゃない人は誠品書店では続かないと思います（笑）。

すぐでなくても、本を開く日がいつか来ればいい

——売り場では文芸書担当の人はずっと文芸書で、ビジネス書担当の人はずっとビジネス書だったりするんでしょうか？

エミリー：違います。私自身も児童書、文芸、芸術、雑誌、ビジネス、パソコンと、4年で6ジャンルの売り場を渡り歩いてきました。これもある意味、選書のためのトレーニングですね。経営側も同じ人を同一ジャンルに長く配置しません。

シャイン：私の場合、児童書、芸術、ライフスタイル、雑誌と担当してきました。入社面接の際に希望の売り場を聞かれて「文学」と答えたのですが、まだ経験していないですね（笑）。

エミリー：私は大学の専攻が文学だったので、ビジネス書担当になったときは本当につらかったんです。最初は本を開いても何がなんだかわからなくて。1年かけてビジネス概論を学びました。不慣れなジャンルでもそうして学びを積み重ねていく。

「読む」という行為の行き先は本だけだとは思っていません。

それがいちばん基礎となるトレーニングです。じゃないと本棚の整理すらできません。児童書担当の頃、毎週土曜日に子供に読み聞かせがあったのがとても良い訓練になりました。

——そんな2人の経験から、あまり本を読まない人に本に興味を持ってもらうために、どんな提案ができるでしょうか？

エミリー：興味がないから読まないのではなく、難しいから読めないんだと思います。分厚い恋愛小説の古典は読めなくても、軽めのラブストーリーなら読めるかもしれません。たとえば男女の恋愛物語なら『君の名は。』から始めて、次に『ノルウェイの森』を薦めてみる。読書と食育は似ていて、そうやって少しずつ変わる風味を楽しんでもらいながら、次第に深みが増していくように提案していきます。

シャイン：私は友人関係を想定しながら考えてみますね。みなさんの周りにも勉強が好きな友達がいれば嫌いな友達もいることと思います。そこにおしなべて同じような本を薦めて失敗した経験が何度もあります。文字をたくさん読むと目が疲れるという人には面白い本を薦めます。グルメな人には食べ物についての本を、写真が好きな人には印刷に凝った本を。あとはとにかくストーリーを話して聞かせます。そうすると10人に7人くらいはその本を買ってくれます。そうやって私は1対1でその人に合った本を見繕うのがすごく得意なんです。けれど「読む」という行為の行き先は本だけだとは思っていません。誠品書店には展示やセミナーのスペースがあります。そこを覗くだけでも、ある意味「読む」という行動です。そういう人にも、いつか本を開いて読む日が訪れるものと信じています。

最後に、ここ「誠品R79」に対する、今は亡き創業者・吳清友（2017年7月に逝去）の想いをお話ししたいと思います。

114

誠品生活松菸店には台湾ブランドの商品がたくさん集まる。

以前もこの地下街は書店がたくさん並ぶ本屋街だったんですが、整理されずに積まれた本が叩き売りされているような感じで、足を踏み入れにくい雰囲気でした。それでも毎日たくさんの人が通勤通学でここを行き交う。おそらく先ほど言ったような、そんなに読書をしない人たちも多く含まれていると言っていいでしょう。その状況を彼はとても不憫に思いました。こんなにも本があるのに、みんな本から逃げるようにして慌ただしく書店の前を通り過ぎる。だからこの地下街に必ず誠品書店を作らなくてはならない。最初はたった5分でも、だんだん滞在時間が長くなって、いつの日か1冊の本を手に取って帰る日がきっと来る。ただでさえ手一杯だった私たちの多忙を貫いて、呉さんの想いが私たちの心と体を突き動かしたんです。

エミリー： 呉さんはとても不思議で、そして厳しい人でした。私たちが「よくできた」と思う仕事に対しても、「もっとこうしたほうがいい」という改善案が必ず出てくる。それでも、この誠品R79ができたとき、彼はただ一言「いいね」と言ってくれた。今ここに彼がいないのは残念ですが、亡くなる前の最後の店舗がうまくいって私たちは本当にうれしく思います。誠品書店は創業者の精神に支えられ、それがあったからこそ多くの人に影響を与えたのだと思います。空間には力があるんだと彼は固く信じていました。誠品書店という空間に人が入って安心感を抱き、リラックスできることを心から望んでいたのです。そんな空間を私たちは今後も引き継いでいきたいと考えています。

誠品R79
台北市大同區南京西路16號B1　中山地下街B1-B48號
TEL 02-2563-9818　営業時間 10:00-22:00

誠品書店 敦南店
台北市大安區敦化南路一段245号
TEL 02-2775-5977　営業時間 24時間

誠品書店 信義店
台北市信義區松高路11號
TEL 02-8789-3388　営業時間 10:00-24:00

誠品書店 松菸店
台北市信義區菸廠路88號
TEL 02-6636-5888　営業時間 11:00-22:00

誠品書店　http://www.eslitecorp.com/

秋刀魚

QDY

Eva Chen + Hank Chung

陳頤華＋鍾昕翰　エヴァ・チェン＋ハンク・チョン

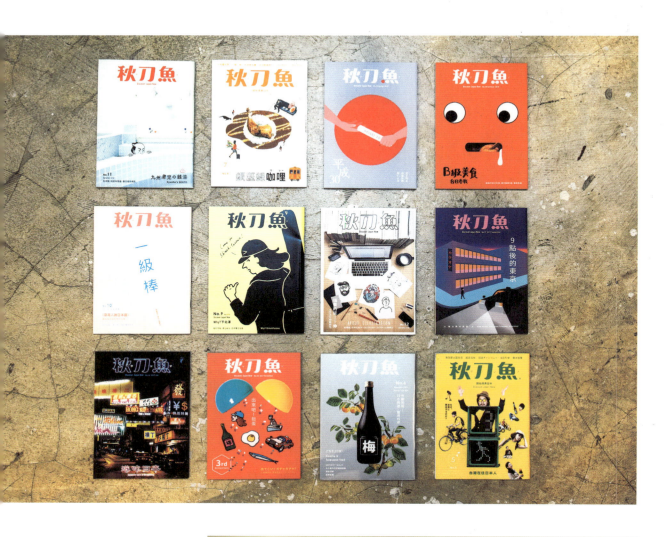

118

秋刀魚　　　　　　　　QDY

INTERVIEW

台湾との差異の中を
泳ぎ回って新視点を見つける
日本カルチャー専門誌

Publisher

(左) エヴァ・チェン / 陳頤華
1989年生まれ　台北出身

(右) ハンク・チョン / 鍾昕翰
1988年生まれ　台北出身

秋刀魚(さんま) 編集長+発行人

台湾の雑誌の中で最も知られているのが『秋刀魚』だろう。今や日本の書店で見かけることも少なくなく、下北沢の特集号で知った人も多いはず。しかし「台湾から見た日本」というテーマだけでどうしてこんなにも毎号多彩なのか、いつも不思議だ。その秘密を話してくれた編集長のエヴァさんが、取材の冒頭で最新号をさっと差し出してきた。「平成30年」特集。おそらくどんな日本の雑誌よりも早いのではないだろうか！

ローカル雑誌作りから見えてきた台日関係の面白さ

『秋刀魚(さんま)』を創刊したのは2014年の11月です。前身となったのは同年5月に発行した『藍鯨(ランチン)』(シロナガスクジラの意)という1号のみの雑誌で、大学を卒業して1〜2年経って、雑誌好きの友人たちと一緒に作りました。特集したのは、台湾の高雄にある「哈馬星(ハマセン)」というローカルな場所です。

哈馬星は日本統治時代に漁港として埋め立てられた土地で、そこに鉄道が直接つながっていることから当時は「浜線(はません)」と呼ばれていました。その通称が定着し、今でも同じ発音の漢字を当てられて「ハマセン」と呼んでいるんです。あっ、これが当時のハマセンの地図です。日本政府はここで試して成功した都市計画を高雄市全体へと拡張したようです。『藍鯨』を作る過程で現地のさまざまな人の話を聞き、歴史の教科書ではまったく教わらなかった事実を実地でたくさん知ることができました。それに驚くと同時に、私たちのふとした日常の中には意外とこうした台湾と日本とのつながりが潜んでいることを学んだんです。

『藍鯨』は誠品書店をはじめ書店でも販売することができ、その後も自分たちが雑誌を作り続けるきっかけになりました。また、『藍鯨』の影響かどうかはわかりませんが、2014年の台湾ではこういったローカル雑誌の発行がブームになったんです。台南のとても小さなストリートを毎号特集する『正興聞(ツェンシンウェン)』や、ローカルフードの「つみれ入りスープ」を意味する、新竹(台北の南西)の『貢丸湯(ゴンワンタン)』など、どの地域でも。そうした雑誌を作っている人たちとはその後友達になりましたし、当時はそんなローカル雑誌ブームを同志としてとてもうれしく感じていたんですが、私たちのよ

119

Eva Chen+Hank Chung　　陳頤華＋鍾昕翰

『秋刀魚』の前身となった『藍鯨』。

台湾各地のローカルマガジン。新竹の『貢丸湯』や台南の『正興聞』。

うな台北人が高雄やほかの地方に行って本を作るよりも、地元の人たち自身で作ったほうがより良いものができると思うようになりました。

　そこで当時の台湾の雑誌市場で何が足りないかを真剣に考えた際に、ライフスタイル、食、旅行、デザインといった多種多様なジャンルの雑誌があるなかで、「日本」を扱った雑誌がないことに気づきました。台湾と日本は歴史的・社会的に関係が深いだけでなく、台湾人は日本のカルチャーがすごく好きなんです。日本のドラマや芸能人をはじめ、音楽、ファッションや工芸品など、誰もが何かしら日本の好きなものを持っているにもかかわらず、丸ごと1冊「日本」を専門的に特集した雑誌はない。それなら自分たちがこの「台日関係」をテーマに雑誌を作ろうと決めました。『秋刀魚』創刊号は「好想認識的100種日本（知りたい日本100）」と題して2014年11月に発行しました。建築、野球、音楽、宗教といった19の多岐にわたるジャンルから、自分では見つけられなかった新たな日本の姿を探る特集なんですが、創刊号を飾るにふさわしい濃い内容になったと思います。

——どうして「秋刀魚」という名前にしたんですか？

　理由は3つあります。1つ目は「秋刀魚」という漢字とその意味が中国語と日本語で同じなので、どちらの言語圏でも通じるから。2つ目は「さんま」という発音も台湾のいくつかの場所ではそのまま通じるから。「黑輪（おでん）」や「甜不辣（てんぷら）」など、日本文化の影響を受けて日本語の発音がそのまま台湾でも使われている例で、年配の人なら聞いてすぐわかります。3つ目に、日本地図を眺めていて列島を横向きにすると秋刀魚の形に似ているなと思ったんです。『藍鯨』も台湾の島の形が一頭のクジラに似ていることから名付けました。

　私たちの出版社名は「黒潮文化股份有限公司」と言って、それは文化と言語は海流に運ばれて伝わっていくものだと思っているから。黒潮はちょうど東アジアの海を伝って、フィリピンから台湾、そして日本へと、一部は対馬海流となって韓国へと流れ着きますよね。黒潮が台湾と日本を結んでいますし、秋刀魚もクジラも黒潮の流域を泳いでいる生き物です。「黒潮文化」は『藍鯨』と『秋刀魚』を順調に書店流通させるため、2誌の発行に先駆けて2014年の4月に立ち上げました。起業について深く考えていたわけではなかったんですが、大手の出版社に委ねず、独立して出版活動を行なうためです。

——『藍鯨』『秋刀魚』を作る前は会社勤めだったんですよね？

　そうです。仕事を辞めて『藍鯨』を作ったほかのメンバー3人は大学でもメディアにまったく関係ないことを勉強していました。純粋に雑誌に興味があったんです。私の専攻は社会政策、ハンクは同じ大学の友人で環境工学を学んでいました。ただ私は大学の新聞部で学生記者をやった経験があって、卒業後もそのまま職員として新聞部で編集の仕事を続けました。『淡江時報』という、1号につき3万部を発行するれっきとした新聞です。ハンクは台北のアップルストアの店長として販売運営や人事管理を担当していました。誠品書店でアルバイトをしていたメンバーもいましたけど、みんな雑誌づくりとは無関係な環境で働いていたんです。

　そのうち、『秋刀魚』を創刊して現在まで残っているのは私たち（エヴァ＋ハンクの）2人だけですね。いま会社は5人体制でやっています。私が編集長で、ハンクは社長。あとは編集がもう1人とデザイナーが1人、そして販売・流通の企画担

台湾の形がクジラだとすれば、日本列島は秋刀魚。

第4号はおそらくアジア初の「銀座線カレー」特集。

当が1人です。ほかにこれまでずっと一緒にやってきたフリーのデザイナーやイラストレーターがだいたい10人ほどいて、特集に合った人にその都度依頼しています。

日本人が見落としている視点を外から視覚化する

『秋刀魚』を始めた頃の発行部数は3000部で、制作費もクラウドファンディングに頼っていました。今は5万部発行していて、台湾全土でその半分、それ以外の中国や香港、シンガポール、マレーシアといった中華圏で残り半分を流通させています。日本がテーマといっても言語の壁があって（注：『秋刀魚』の記事は基本的にすべて中国語）日本での販売部数はけっこう少ないんです。たぶん数百部もないでしょう。2017年末からは委託契約を結んで日本の書店にも卸しているんですが、読者がSNSに『秋刀魚』の写真をアップしているのを見て、「ここでも売っているんだ」と把握するくらいです（笑）。なので、もし日本で取り扱いたかったらいつでも連絡をください！

── 少なくとも下北沢の本屋B&Bや田原町のReadin' Writin' BOOK STOREでは見かけました。

あ、第9号（2016年5月）では「WHY？下北沢」という特集をやりましたしね。

── 『秋刀魚』最大の特徴は特集のユニークな切り口だと思います。「ガチャガチャ」「夜9時以降の東京」「平成30年」といった特集。「日本」という同じひとつの題材から「これでもか」という多彩さです。どうやって特集を決めているんですか？

特集を組むにあたり基準となるポイントを決めています。まずは、私たちが興味のあること。次に、台日関係に関わること。最後に、台湾の読者が関心のあるもの。この3つが浮かび上がるきっかけになったのは、第4号（2015年7月）の「銀座線咖哩（カレー）」特集です。台湾人はカレーが大好きで、日本の雑誌でよく全国各地のカレーが特集されているのをうらやましく思うんですが、私たちにはそこまで取材を広げる予算がない。どのエリアに絞ろうかと悩んでいたときに、東京メトロ銀座線のカラーの黄土色がカレーにすごく似ているので、銀座線沿線のカレー屋を紹介することにしたんです。

この号を出したあとに、「銀座線のカレーだけで特集を組むなんて面白い」というレビューを日本人の読者からたくさんもらい、外国人の観点からしか作れないコンテンツがあることに思い至りました。日本にいると「銀座線とカレーが似ている」なんて気づかないのかもしれません。逆に言えば、私たちもきっと台湾に対して見落としている死角があるんですよね。この経験を踏まえて以降の号については、日本の流行をただ追いかけるのではなく、台日関係に焦点を当てながらも、台湾の視点から日本文化を見ていくということを、『秋刀魚』の方針としてさらに明確化しました。

それでも「私たちが興味のあること」でわりと突っ走ったのは、第11号（2016年9月）の「九州男児の銭湯」特集ですね。台湾人は特段銭湯に詳しいわけではないんですが、私た

> 外国人の観点からしか作れないコンテンツがあることに思い至りました。

121

黒潮文化のスタッフと、長く付き合ってきたフリーのデザイナー（眼鏡の女性）とイラストレーター（帽子の男性）。

第10号「台湾人が話す日本語」特集。
「オートバイ」「運ちゃん」も台湾でそのまま通じる。

ちは日本に行くとどこでも銭湯を探すくらいの銭湯好きなんです。お金をかけずに、そのローカルな文化を理解する入口にもなる。その年の4月に熊本地震があって現地からも何度か取材依頼があったのですが、私たちが行くんだったら、日常の「裸の付き合い」の場である銭湯を特集しようと。それが心身の傷を癒し、復興のささやかな糧にもなると思って。取材に行った7月は気温37℃が当たり前の時期で、その中で42℃のお湯に浸かっていました（笑）。

──「日本」だけでなく「台湾」のほうにフォーカスすることもあるんでしょうか？

毎年1回は必ず台湾をメインにした特集を組むようにしています。たとえばこの「ごちそうさま！日本梅酒×台湾料理」特集号（第6号、2015年11月）。台湾では梅酒に興味がある人が多いんですが、制作中に知って驚いたのは、梅酒は日本だと家で漬けて晩酌として楽しんだりするお酒だったということです。台湾では居酒屋でわざわざ飲むものだったので印象が変わりましたね。そこで、日本の梅酒に合う台湾の家庭料理を紹介してみてはと思いつきました。ソムリエにも意見を聞いて、いろいろ試して挙がったのは「雞排（チキンカツ）」や「魯肉飯（ルーローハン）」「蚵仔煎（牡蠣オムレツ）」です。結果、好きだけど少しハードルの高かった日本のお酒と台湾の人との距離が縮まったように思います。

この号は大阪のブックフェア（2017年のASIA BOOK MARKET）で最初に完売したんですが、とても面白いと思ったのは日本人と台湾人とでそれを読むときの視点が異なっているところです。日本の読者が「台湾に行ったらこの店にローカルフードを食べに行こう」となる一方で、台湾の読者は「このお酒は家でこの料理に試せるな」と思う。同じ内容でも、受け取り方の角度が違うということですよね。台日交流の多層性を顕在化するにはとても良い切り口だったと思います。

──文化や歴史を深く掘り下げた「台日」特集も多いですね。

この号（第10号、2016年7月）は「臺灣人說日本語」つまり「台湾人が話す日本語」の特集です。表紙の「一級棒」は「いちばん」をそのまま音訳した言葉なんですが、台湾語の中には日本語の影響を受けているどころか日本語そのままな言葉が数多くあります。運転のときに「バック」って言いますし、道には「トラック」や「看板」があり、「ライター」もそのまま。台湾人はひらがな、特に「の」を看板に使うのがすごく好きで、そのぶん日常には間違いもたくさん転がっていますね（笑）。若者を叱るときに「あたまコンクリ」と言う人もいます。脳みそがコンクリートみたいだ、という意味です。台湾でいま70〜80代の人には、基本的な日本語なら通じるんです。日本語の理解も必要なこの号は台湾人にはちょっと難しかったかもしれませんが、台日関係を扱う以上言語の問題は避けては通れず、自分たちならこの特集で、と挑んだものです。

えっ、泊まっているのが林森北路なんですか？ それならこの号も紹介しなくては。中山区の林森北路と中山北路のあいだを短い通りが10本走っていて（一条通〜十条通）、その界隈「条通」を特集した号です（第14号、2017年3月）。このエリアは日本統治の大正時代から総督府にも近い高級住宅街で「大正町」と呼ばれていました。日本企業の台湾進出が盛んになるにつれバーやスナック、日本料理屋が増えて、だんだんと夜のネオン街へと変化していきます。台湾人からすると「条通」イコール日本の夜の街そのものなんです。近辺には今

123

Eva Chen+Hank Chung　　　陳頤華＋鍾昕翰

第13号「行きたくなるコンビニ！」特集。
おにぎりや揚げ物ごとに好きなコンビニを調査。

第18号の特集で登場した、メイドイン秋刀魚なガチャガチャ。

　も日本人が多く住んでいて、当時の雰囲気が残っています。この号ではそうした店と人物を通じて、台日の文化と歴史の地層を紹介しています。界隈の店員さんはほとんど日本語を話せますし、日本円で支払えるスナックもあります。六条通で50年続く台湾料理屋「梅子」にはぜひ行ってほしい！

——台湾の読者ならではの関心がすぐわかる号もありますね。

　この「行きたくなるコンビニ！」特集号（第13号、2017年1月）はそうですね。日本を旅行すると台湾人は必ずコンビニに行きますし、私自身、深夜のファミリーマートで発見したカリカリのフライドチキンともちもちのお米に救われた一夜があります。この号ではデザインや地域差の観点からコンビニを紹介する一方、東京の路上でコンビニフードについて70人にアンケートを取りました。ローソン、ファミマ、セブンのから揚げやコーヒー、パスタなど、どの店のものがいちばん好きなのかを聞いていったんです。コンビニフード大好きな台湾人からするとかなり興奮する内容です（笑）。これはあくまで通行人からの集計で、日本人を代表する統計ではないことはきちんと明記したのですが……。

——セブン-イレブンが圧倒的に人気ですね。でも、から揚げはファミリーマート（笑）。

　自国にローソンを持たない台湾人は、日本を旅行するとローソンによく行くんですよ。ちなみにこの号でちょうど3年目を迎え、レイアウトや造本を大幅にリニューアルしました。「日常ニーズを満たすコンビニのように、シンプルで純粋な初心こそ、私たちにとって必要不可欠な存在である」と巻頭言に付して。台湾人独自の興味という意味では、この「出てこい！ガチャガチャ」特集号（第18号、2017年11月）もかなり反応が良かったですね。最近台湾では日本の「ガチャガチャ」（カプセルトイ）が超ホットなんです。士林夜市のとあるカプセルトイ専門店では一晩だけで40万元（約160万円）も売り上げた伝説があるそうです。フィギュアの有名メーカーの海洋堂、「コップのフチ子さん」についても取材しましたし、DIYなガチャガチャの作り方と実物も掲載しています（笑）。

よりローカルへと深く進化している台湾への興味

——台湾人という外側からの視線だからこそ日本を新鮮に捉えられるのだと思いますが、逆に「日本人から見た台湾」について新鮮さを感じることはありますか？

　日本では昨今台湾ブームが続いていますよね。5年くらい前だと「小籠包・タピオカ・永康街（鼎泰豐もあるグルメ街）」でお決まりの紹介だったのが、ここ1〜2年では観光エリアも台中、台南、高雄へと次第に各地へと開拓されていき、「ここっていかにも日本人が好きそう」だった印象が、「ここが日本人にウケるんだ！」「この店、日本人も知ってるなんて！」に変わってきました。声優の池澤春菜さんが書いた2冊目の台湾ガイド『おかわり最愛台湾ご飯』では離島の澎湖や緑島まで、台湾人さえ知らない全台湾のローカルB級グルメが紹介されていてびっくりします。多くの人が2度、3度と台湾を旅行したいと思っていて、台南の孔子廟や高尾の西子湾だけではない、自分の趣味に特化した特別な旅行スタイルを味わいに来る日本人も増えている。台湾を楽しむ質の変化が見て取れますね。

124

秋刀魚　　　　　　QDY

企業や地方自治体とのタイアップ例。
右上がtrippenとコラボした第12号の誌面。

秋刀魚が受注制作した刊行物。免税店のフリーペーパー『VOYAGER』と「南台湾」を紹介する『EXPERIENCE SOUTHERN TAIWAN』。

——『秋刀魚』を4年ほど続けてきて、その間、何か大きな変化はありましたか？

　いくつかあります。まずは取材したい人に取材できるようになりました。今は読者が増えてきたこともあって、秋元康さんや是枝裕和さんといった、以前だと依頼が難しかった著名な方を取材する機会も増えました。そういう実績ができると、さらに取材がしやすくなります。おかげで最近ではアートディレクターの水野学さんにも会えました。今後も自分の中にある夢の取材先リストの実現に向けて頑張りたいです（笑）。
　『秋刀魚』のコンテンツに合うようなかたちで広告主に出稿を提案できるようになったのも変化ですね。日本の雑誌で見かける、広告だと思わせない感じが私たちは好きです。日本だとこうしたタイアップ広告はごく普通かもしれませんが、台湾の広告スタイルだと必ず商品の名前や情報を大々的に打ち出さなければならなくて、とても難しいんです。その「日本スタイル」ができるようになったのがうれしいですね。
　たとえばこの「イラストの広がり」特集号（第12号、2016年11月）に載っている、ドイツのシューズブランドtrippenとのページでは、私たちが広告イラストを制作したいと提案しました。外から手を加えられるわけなので台湾ではほとんど不可能に近いことだったんですけど、その号の内容が彼らのブランディングにもつながると思ったようで、特集に合わせて一緒に誌面を作ることを承諾してくれました。今の『秋刀魚』のアートディレクターでもあるPW Leeがイラストを描きました。それ以降はより凝った広告企画が可能になりましたね。最近だと毎号キリンビールとコラボしていて、フジロック後に参加者に取材してビールを飲んでいる記事を作ったりしています。これはFacebookでも展開していて、読者の反響も大きいです。日本だとほかにJINSやPORTERといった企業から出稿してもらっています。

——そういった広告営業もスタッフ全員で行なうんですか？

　台湾と日本の広告代理店に委託しています。日本だとCINRAですね（注：その後2018年7月に黒潮文化とCINRAの資本業務提携が発表された）。岩手県観光局とのコラボ誌面はCINRAから入ってきた仕事です。東京、大阪、北海道以外にも近頃は日本の地方を紹介する記事制作の仕事が増えてきています。『秋刀魚』を見て台湾から日本に行く人が増えているかどうかは、SNSの写真や情報からしか推測できないのですが……。
　出版社を作って最初の3年間は『秋刀魚』の認知度を上げるのに精一杯でしたけど、昨年からパンフレットの制作など雑誌以外の仕事の依頼が次第に増えてきました。編集のアウトソーシングも受けています。桃園や松山といった台湾全土の空港で配っている免税店のフリーペーパー（企業からの発注）。日本で開催された、南台湾4県市を紹介する観光イベントで無料配布したパンフレット（行政からの依頼）。これは編集だけでなく、翻訳や印刷も仕切りました。行政の刊行物といえば制限が多く、台湾では「つまらない」が代名詞なんですが、面白いものにはなったかなと思います。ほかにも台湾の無

いま、日本人の旅行スタイルには台湾を楽しむ質の変化が見て取れます。

125

Eva Chen+Hank Chung　　　陳頤華＋鍾昕翰

ピンク色が鮮やかな『台北無聊風景』(右奥)。

福井県出身のLIP・田中佑典さんと制作した『青花魚』(中国語で「鯖」)。

印良品から依頼されたりと……編集は2人しかいないんで、大変なんですよ!

　それなのに、最近では自分たちで単行本の出版も始めたんです(笑)。ひとつは写真家・鄭弘敬(ゼン・ホンジン)さんの写真集『台北無聊風景(台北のつまらない風景)』(2018年3月)。台北の路上にあふれるどこか変な日常を切り取ったスナップを、デザイナー・小子(→136ページ)の造本によるビビッドなピンクが縁取っています。表紙タイトル文字のひとつひとつは街中の看板を撮影した写真から切り抜いてステッカーにし、1枚1枚おばちゃんたちが貼ってくれています。小子を選んだのは鄭さんですが、彼は今年、台湾総統・蔡英文の年賀状をデザインしたことをきっかけに、出版業界を超えてさらに人気が高まりつつあります。いつも柄シャツにサンダルという出で立ちで、総統府での会見もそれで通していました(笑)。

　あとは、少し変わった旅行ガイドも作りました。『青花魚(さば)』という本なんですが、ずっと付き合いのあるLIPの田中佑典さん(→162ページ)が福井県の出身ということもあり、福井県から依頼を受けて制作したものです。『秋刀魚』創刊時に取材に来た田中さんもそのときちょうど『LIP』を新たに立ち上げようとしていた時期で、台北の熱炒店(台湾式居酒屋)で台湾ビールを飲みながら愉快な一晩を過ごしたことを思い出します。それ以来、台日をつなぐお互いの存在を理解し合いながら数々の企画やフェアを共にしてきました。

　増加する来日台湾人の旅先がローカルに向かっている流れの中で、福井県の観光客ランキングは毎年最下位。メジャーな観光地ではないからこそ新しい魅力をPRしようということで、田中さんと私たちで「微住(びじゅう)」というワードを提唱しました。2泊3日の短期旅行でも、長期的な移住でもない、2週間ほど、少し長めの滞在を通じて、その土地や人と一期一会以上の関係性を築くこと、です。実際、写真家の川島小鳥さんも加えて2週間ほど福井に滞在し、街の食堂案内から福井弁講座まで、さまざまな記事を作り1冊にまとめました。

文化交流は相手を通して別の目を獲得すること

——今は『秋刀魚』単体で黒字なんでしょうか?

　雑誌の広告と販売収入で成り立っていますが、季刊なので、企業の経営を続けるためには正直、クライアントからの受注仕事がないとまだまだ厳しいです。企業や行政の出版物を編集したり、地方自治体と一緒にユニークな単行本を作ったり、さらにはウェブメディアを展開したりと、ほかのコンテンツの可能性も今は模索している途中です。けれどさいわいにも紙媒体にはまだニーズや遊べる余白があるので、その中で新しいコンテンツを作っていく努力をさらに続けていきたいです。

——『秋刀魚』を通じてこれまで台日関係を追い続けてきて、これからの台湾と日本の文化的な交流がどういう方向に向かえばいいと思いますか? あるいはまだ足りない点など。

　私の意見が正しいかどうかはわかりませんが、台湾と日本の関係は今「微妙」だと思います。『秋刀魚』という名前の由来には実はもうひとつあって、それは小津安二郎監督の『秋刀魚の味』という映画です。作中には秋刀魚は出てこないんですが、嫁いでいく娘を送り出す父の複雑な心情を描いていて、ちょうどそれが秋刀魚を食べたときの苦みに似ています。娘自身が成長してからやっとわかる感情。台湾と日本がお互いの国に対して抱く感情もこれに似ていて、甘さの中に苦み

秋刀魚　　　　　　　　QDY

「年年有魚」とは「年年有餘（毎年余りがあるように）」にかけた同音語。中華圏では大晦日に縁起物として魚料理を食べる習慣がある。

が含まれているんじゃないでしょうか。

　『秋刀魚』を創刊する際、台日関係の歴史のさまざまについても私たちは背負う覚悟でした。日本に寄りすぎと言う人もいれば、日本統治時代の歴史的解釈を求める人もいて、もちろん親日的な立場の人もいる。励ましから疑問までいろんな声が上がるのは目に見えていましたし、実際そうでした。それが現実です。でも私はそうした歴史の問題があるからこそ、今日に至るまで台湾人が日本に興味を持ち続けているんだと思っています。過去の出来事の良し悪しを判断するよりも、すでに起こってしまったこととしてまずは正視する。そして、そんな歴史的背景をむしろお互いの意思疎通に向けた共通言語にして、文化理解を深めるための養分にする。台日関係を軸に雑誌を作る私たちは、お互いのあいだにある歴史を次の時代に向けたさらなる文化交流のための確かな礎にしていきたいと考えているんです。実際、今の台日交流が商業的な表面に留まることなく、双方の文化の共通点と差異について好奇心が深部へと向かいつつあることをうれしく思っています。

——その逆もあればいいですよね。歴史を共通言語にした日本からの働きかけ。田中さんの『LIP』がそうだと思いますが。

　お互いに逆方向から同じことをしている感覚はあります（笑）。実際、田中さんを通して台湾の意外な面を知ることも多いです。第3号の「台湾に住む日本人」特集（2015年5月）で台湾に住む日本人とたくさん話したとき、口々にゴミ出しの風景がとても不思議だと言っていたのが驚きでした。ずっと台湾に住んでいる人にとっては、ゴミ収集車が来たらゴミ袋を持って出て（たまに追いかけて）放り投げていくのがごく日常なので。普段の生活の中にいると自分たちの文化の面白さ

が見えにくいということですよね。そうした、自分に身近すぎて気づかない小さな普通が、外国人の目を通過することで、本当は普通じゃない刺激的なものとして浮き上がってきて、気づけるようになる。日本だと普通なことが、『秋刀魚』では特集されるくらいの発見になる。日本人にもそう思ってもらえたらうれしいですね。文化交流はある意味、相手を通して別の目を獲得することだと思うので、台日関係も「これは普通じゃないんだ」という新鮮な刺激をお互い元手にして積み重ねていけたらいいなと考えています。

——そんな『秋刀魚』を今後も長く続けていくために、何が大事だと思いますか？

　経営を安定させることはいつだって大変ですが、文化のあいだの差異と、そこに潜む面白さを発掘していくことが『秋刀魚』の存在し続ける価値だと思います。「黒潮文化」という社名と同じように、台湾という小さな島はちょうど、日本、韓国、中国、香港、そして東南アジアに隣接しています。『秋刀魚』が国と国、都市と都市の交流をテーマにしていくことは変わらないですが、1冊の雑誌という形を超えて、台湾と日本以外のほかの東アジアの国々との差異を発掘して誌面にしていく可能性だってあります。過去に実際、香港在住の日本人を取材して記事にもしました。『秋刀魚』が泳ぎ続けるための栄養は、文化と生活習慣が生む差異の面白さ。国や都市は違えど、それを発掘し続けて読者と刺激を共有していきたいと思います。

秋刀魚　QDY
台北市大安區浦城街9-8號　黒潮文化股份有限公司
TEL 02-2362-9039　http://qdymag.com/

Mangasick

マンガシック

日本漫画好きが作った台湾サブカルチャーの中心地

　東京・中野の本屋「タコシェ」店主の中山亜弓さんが作ったZINE『台湾書店めぐりの旅〈台北編〉』で目にして以来、「Mangasick」という名前の本屋がずっと気になっていた。日本の古典的な漫画を揃えた古書店かと想像していたのだけれど、足を踏み入れると、とてもポップでキッチュな空間。よく考えればナンバーガールの曲名と店名が同じことから察知すべきだったのだけれど。Twitterはすべて日本語で発信していて、連絡を取ると「Mangasickのオーナーです」と流暢かつ丁寧な日本語で返信が来た。女性で店長の黃廷玉さん（ゆう／1985年生まれ）と男性で副店長の黃鴻硯さん（コウ／1985年生まれ）のカップルに話を聞いた。

ゆう： Mangasickをオープンしたのは2013年の10月です。その前は、私は日本語の本を中心に売っている書店で漫画を担当していました。

コウ： 僕はもともと皇冠という出版社で版権売買の仕事をやっていました。

ゆう： 私は屏東縣、コウは雲林縣と、2人とも南部から台北に来たんですが、上京してはじめて南部との大きな文化的差異に打たれました。サブカルチャーの洗礼です。大学時代に好きだったインディーズバンドを通じて海外の面白いサブカル情報に詳しくなっていったんですが、勤務先の書店でマイナーな本を仕入れようとすると店長に怒られます（笑）。当時の台湾では漫画・アニメ好きは主流なものにしか触れることができず、それでは台湾のクリエイティブ環境を制限することになると感じていました。だったら自分の店を開いて、まずは日本

Mangasick

店内奥の漫画喫茶ゾーンには手塚治虫の作品から大和和紀の『N.Y.小町』まで、日本の漫画（繁体字版）が6500冊ほど揃う。

の漫画文化を広めたい、もっとマイナーな作品でも台湾で手に入るようにしたい、と思ったんです。

コウ：Mangasickができる以前、台湾の漫画やアニメはコミケに出てくるような二次創作が多かったと思います。オリジナル作品を描いている人はいても、どメジャーな方向を目指している。もっとマイナーで良い作品もあるんだと台湾の人に紹介したくて、この店を始めました。僕たちは大学1年生のときにライブハウスで知り合って、今は付き合っています。就職して2〜3年経ってからこの店を始めたんですが、僕は最初ユウのサポート役でした。ご存じのように、「Mangasick」という名前はナンバーガールの曲名に由来しています。それくらい2人とも漫画がすごく好きなんです。

——そういう日本のマイナーな作品をどうやって知っていったんですか？

ゆう：最初はバンドの友達が丸尾末広の漫画がとても良いと教えてくれました。青林堂や青林工藝舎っていう出版社があるんだ、と。それでどんどんディグっていきましたね。

コウ：もっとも衝撃だったのは、つげ義春です。彼の作品に触れてから本格的にそういうディープな日本の漫画をさらに深堀りしていったんです。ゆうは大学卒業後に塾に通って日本語を勉強し、僕は中学のときにハマったJ-POPの歌詞の意味が知りたくて独学で学びました。最初はこういう日本の漫画を買ってくれる人が台湾にはいないんじゃないかと不安だったので、まずは漫画喫茶の形で店を始めました。店に入ってすぐのスペースは以前友達がレコード屋をやっていたんですが、開店1年半後に営業終了になって以来、ギャラリーとして休みなしに1カ月に1回の展示を続けています。昨年の12月に店内レイアウトを変えて、漫画喫茶（読み放題4時間200元＋1ドリンク）と書籍販売の部分を明確に分けました。もともとは畳にちゃぶ台を置いていた漫画喫茶の範囲が広かったんですけど、どれが売り物かわからずお客さんが混乱していたというのもあって。

ゆう：最初から本も販売していたんですが、台湾の作家の自費出版物が中心で量もとても少なかったですね。日本から仕入れたものもほとんどなくて。それがどんどん増えてご覧のようになりました。メインの売り物は日本と台湾の作家による漫画や自費出版物ですが、イラストや画集、評論や詩集も扱っていて、古本ではなく新刊が多いです。

——どんなふうに仕入れるんですか？

ゆう：ネットで好きな作者を見つけて、自分で作った本があるかどうか、それを私たちが売ることが可能かどうか、聞いていくケースが多いですね。あとは知り合った日本の小さな書店や出版社から直接仕入れることもあります。名古屋のON READING、東京のcommuneや青林工藝舎。トーチの漫画も大好きです。10冊ずつくらいを単位にして、多い場合は船便で。この前仕入れた『鶴と亀』は最小ロットが25冊だったんですが、台湾ではここでしか売ってないからか、もう50冊も売れました。

コウ：出版社勤めの頃は売れそうなものから面白いものを探すのが仕事だったのに、今では本当に面白そうなものから売れそうなものを探して置いています。順序が逆になりました。

——新進の漫画家やアーティストの作品を掲載する独立雑誌『USCA』台湾版をMangasickから出版すると聞きました。

129

Yu Huang+David Huang　　黃廷玉＋黃鴻硯

取材時に開催中だったのは
イラストレーター・訪大賽の個展「這樣行嗎？」。

高妍の作品。
中央下が『緑之歌』。最近では『STUDIO VOICE』に挿絵も描く。

コウ：『USCA（ユースカ）』の前身となった雑誌『ジオラマ』を先にバンドの友達から教わって、こんなすごい漫画があるんだ！とびっくりしました。ゴトウユキコさんや西村ツチカさんといった豪華メンバーが集結していて。そのときにはもう『USCA』は出版されていて、3号目から直接仕入れて売っています。森敬太さんが英語版を自分で出した頃、台湾版を僕たちで出版したいとオファーしました。翻訳は僕です。来月やっと完成で、店で出版記念展も行ないます。

ゆう：『USCA』台湾版は1500部制作して、台湾のほかの書店にも卸す予定です。すでに反応がすごく良くて、マレーシア、香港、北京の書店からも問い合わせが来ています。すぐ増刷したいですね。

コウ：こういった日本の作品が好きな読者が台湾に結構いるとはいっても、現状は何とかやっていけるような感じですね。ゆうはフルタイムで店の仕事をしていますが、僕は出版社を辞めてからずっと翻訳の仕事も続けています。お客さんは女性が断然多くて、大学生および20〜30代が中心です。漫画というよりサブカルが好きで、好奇心が強くて、たとえば美術やデザイン関係の仕事をしている人たち。本の紹介文を毎日Facebookに中国語でアップしているんですけど、それを読んで興味を持ってくれる人もいます。台湾人のSNSはほとんどFacebookですから。Twitterは日本語で日本人向けに、Instagramは英語でやっています。

── Mangasickに通ううちに本を作るようになった人はいますか？

ゆう：います。代表的なのは、まだ大学生で、もうすぐ卒業する高妍（ガオイェン）という作家です。常連客で日本文化が大好き。もともと二次創作をやっていたのが、私たちの店に並ぶ出版物に感化されて最初のZINE『房間日記（2015年版）』を作りました。その後3年かけて今では4冊。高妍さんの作品で特に日本の読者にもお薦めしたいのは『緑之歌』で、日本のレコード店ではっぴいえんどの曲を好きになった女の子が台湾に帰って近々ライブがあると知るのですが、行きたくても行けないから好きな男の子と一緒に会場の外に漏れてくる音を聞いて幸せになる、といったストーリーです。彼女、細野晴臣さんの音楽が大好きなんです。

コウ：6月には彼女の展示をMangasickで開催する予定です。とても早いスピードで「作家」になりましたね。いつかこの日本語版を作りたいと言ってました。

ゆう：この店を続けてきて、特別な作品を生み出した実感があります。

コウ：普通のお客さんだと思っていたのが、半年くらいして作品を持ち込み、売ってほしいと言いに来る人もいます。オリジナルだったら基本的には置いています。この『蠹樓紀』は逆柱いみりという、あまり知られていないかもしれませんが、日本のベテラン作家のもの。1冊目の画集は日本のタコシェから、2冊目はMangasickオリジナル企画で出版しました。1000部作って、そのうち600部はタコシェが日本に流通してくれました。京都の誠光社や下北沢の古書ビビビに。日本だと3500円くらいするんですけど、けっこう早いスピードで売切れましたね。今はまんだらけの買取リストに載ってます。あと、これから出版するヤバいアウトサイダー本があります。

ゆう：作者はまだ20歳の、張登豪（チャン・デンハオ）という男性です。ごく普通のノートに鉛筆で強く描いた原稿で、少ないセリフはすべて英語です。200部だけ印刷しようと思っています。

130

Mangasick

張登豪の『Cock Guy Says Kill You!』原画。駅員になろうと試験勉強している最中に本作を描いた。

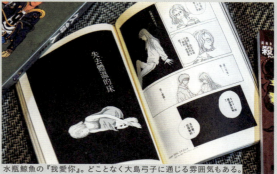
水瓶鯨魚の『我愛你』。どことなく大島弓子に通じる雰囲気もある。

コウ：今の時代のクリエイターはたとえ創作活動で食べていくつもりがなくても、SNSやサイトで自分を宣伝したり作品をアップしたりするくらいはやりますよね。でも張さんはまったく違っていて、ある日僕たちにいきなり原稿を出してきて「これを印刷したいんだけど、どうすればいいか」と尋ねてきたんです。本を作りたくてもわからない人が友達にいれば僕らもサポートのかたちで出版したりするんですが、彼の場合は作品がすごいので、むしろこちらから出させてくださいとお願いした感じです。それでも、今後も漫画を描くか本人も特に決めておらず、正真正銘のアウトサイダー・アーティストです。

——いま台湾の漫画出版の状況はどういう感じでしょうか？

コウ：台湾だと漫画を出すのは漫画専門の出版社からだったのが、『深夜食堂』がヒットしてからは一般の出版社も出版するようになりました。それでもまだ、漫画出版社だと『ジャンプ』『マガジン』『サンデー』に載るようなメジャーな作品や、KADOKAWAが出すようなアニメ化・映画化しそうな作品、萌え系や少年漫画系、一般の出版社だと（最近出た）水木しげるさん、こうの史代さんといった、もはやクラシックな作品しか翻訳出版しないのが普通です。

ゆう：だから、いちばん新しくて尖った漫画を読んでほしくて『USCA』を台湾でも出すんです。

コウ：松本大洋さんの作品も昨年に僕が翻訳した『鉄筋コンクリート』が出るまでは20年くらい絶版になっていて、以降どんどん翻訳されていきました。丸尾末広さんの『少女椿』が出たのも昨年。出版社を辞めた頃は小説の翻訳ばかりやっていたのが最近は漫画の仕事も増えてきて、知り合いの編集者に「これ出したほうがいいですよ」と薦めたりしています。

ゆう：田亀源五郎さんの『弟の夫』はこれから私が翻訳して出版します。ドラマ化の話が出る前から目を付けていました。私はコウほど日本語は話せないんですが、翻訳はできます。五十嵐大介さんの『リトル・フォレスト』も台湾の出版社に薦めて、出版決定後に私が翻訳を担当しました。でも台湾の漫画市場の多様性はまだまだ限られていますね。高野文子さんの『棒がいっぽん』でも初版部数が2000部ですから。台湾には日本の『ダ・ヴィンチ』のような本や漫画を紹介する雑誌があまりないから、というのも一因な気がします。『ダ・ヴィンチ』はいろんな特集を企画するので、昔の作品、たとえば1960年代の重要な少女漫画の歴史を辿ることもあります。そうすれば昔の作品も新しい読者によって再発見される。でも台湾のメディアの場合、そういう「系譜」を紹介することはあまりないんです。特に大衆文化を取り上げる場合には。海外の作品だとなおさらです。

コウ：でも松本大洋さんの漫画は売れましたよ。やはりアニメ化・映画化された作品は売れ行きが違います。他方、高野文子さんのような作家であっても、アニメや映画と無縁だと台湾では売れ行きがあまり良くないのがもどかしいです。

——台湾と日本とでサブカルチャーの違いってありますか？

ゆう：なんといっても日本のサブカルチャーは歴史があって、メインカルチャーとの境目がほとんどなくなっていますよね。たとえば大手百貨店のパルコが何か企画する際、知名度よりも作品性を重視して若いクリエイターを抜擢したりしますが、台湾ではそういうケースはほぼありません。このクリエイターは将来性があるかもしれないとか、たまには実験的なことをやってみようとか、そういう考えがなくて、とにかくSNSの

131

Yu Huang+David Huang　　黃廷玉＋黃鴻硯

地下にあるMangasickへと至る階段。

フォロワーが多い作家に依頼したりするんです。だから台湾のサブカルチャーはまだ赤ちゃんみたいな感じ。でも今はサブカルに興味があればネットを通じて日本・欧米を問わずいろんな情報を取り入れて自分で面白いものを作れますよね。

――つまり台湾には今まで、つげ義春的な作家が存在しなかった、ということですか？

ゆう：すごく少なかったのはたしかです。戒厳令の時代には自費出版さえまったくできませんでしたから。
コウ：漫画も審査なしには出版できませんでした。その体制に怒って筆を折った漫画作家もたくさんいたようです。
ゆう：台湾で漫画がもっともブームになったのは1980〜90年代で、その頃の代表的な作家は欧米の影響を強く受けていました。
コウ：阿推（push）と麥人杰さんが90年代の台湾の代表的な作家です。あきらかにフランスのBD（バンド・デシネ）の影響を受けていますね。この水瓶鯨魚さんの『我愛你』は1996年に出版された作品。岡崎京子さんや安西水丸さんに通じるものがあります。当時は人気の作家でしたが、今の若い人たちは知らないですね。
ゆう：台湾には若い頃から死ぬまで生涯ずっと描いている漫画家ってあまりいないんです。環境も環境なので、途中で転職することが多いんですね。当時売れていた水瓶鯨魚さんは今も少しだけ描いているんですが作風が全然違っていて、最近はエッセイを書いています。ちなみに岡崎さんの『リバーズ・エッジ』の台湾版が近々出ますが、一般の反応はあまり良くないです。私としては『pink』を早く出してほしいんですけど（笑）。出版された作品はまだ一部ですね。学んで理解を深め

てから台湾の漫画史を振り返ると、かなり面白い作品があったんだなと発見するんですが、きちんとアーカイブされていないのが残念です。続けている作家が少ないし、紹介もされていない。だから歴史や影響が切断されてしまっています。

――これからMangasickをどうしていきたいですか？

ゆう：基本的なことですけど、ずっと続けていきたいですね。出版もそうですが、ほかの人がやらないことを。この前、松本大洋さんの『乒乓（ピンポン）』出版に合わせて店内で版画を展示したところ、反応が良かったです。漫画の多様性と面白さを台湾の読者に可能なかぎり広めていきたい。そのために大事なのは……お金（笑）。商売と理想とのあいだで妥結点を探さないといけません。『USCA』の出版が理想的なバランスです。東京アートブックフェアにも出店したいですし、いつか台湾の漫画のアンソロジーを作って東京のコミケとかで販売してみたいですね。
コウ：店を続けてもう4年になるので正直こういう生活に慣れてきて、大きく壊滅的な変化がなければ続けていけるかな。
ゆう：わかった！ 私たちが今やってることって、要するに読者を育てることです。若いお客さんがこういう文化を好きになってくれたら、10年後も好きでいてくれて、作家を支えたい気持ちが自然に湧いてくる可能性が出てくると思います。長く続けないと結果は出ないので、さらにがんばっていきたいです。

Mangasick
台北市中正區羅斯福路三段244巷10弄2號B1F
TEL 02-2369-9969　営業時間 14:00-22:00
定休日 火・水　http://mangasick.blogspot.com/

132

舊香居

コレクターの信頼をベースに新しく古書を売る店

　2017年に、中国の成都で開催された「成都国際書店論壇（フォーラム）」で、『東京本屋』という本を中国で出している作家・吉井忍さんの紹介を通じて、ある女性と知り合った。スタイリッシュな装いでワイン片手に英語で底抜けに快活に話しまくる。その呉卡密さん（カミーユ）が台北で父の代から続く古書店を営んでいると知ったのは、フォーラム登壇者の1人だったからだ。渡されたショップカードには「OLD IS NEW...」と印刷されている。「See you next time in Taipei!」との約束通り、店を訪問した。

　呉さんが弟の梓傑さんと2003年に始めた書店「舊香居」は台湾大学の近く、龍泉街にある。緑が多く、どことなく古い街並みが広がる学生街。呉さんの父は1972年から芸術骨董品の売買を中心とした古書店を3店ほど営み（今はすべて閉店）、正確に言うとそのうちのひとつ「舊香居」を場所も装いも新たに開いたようだ。

　「長女で背も高かったので、小さい頃から看板娘みたく父の本屋の店番をしてたんです。本が好きで売るのも得意で、家でも本に囲まれる生活でした。だから美術を学んだフランス留学から帰ってきて、本屋の世界にはすっと自然に入っていけました。どうしてこんなに若い人がこんな古風な店を？って言われるんですけど（笑）。ここを開いてもう15年経ちますね。あ、いま出て行ったのが父ですよ」

　思い描いたのは、東京の神保町にあるような、アンティークだけれど「新しい」本屋。台湾にはまだ専門的な古書店がないと考え、収集癖のある父の膨大な在庫（倉庫3つ分！）を使って開店した。扱うのは台湾内外にかかわらず、芸術、文

133

舊香居

呉さんの個人的コレクション。

舊香居から徒歩2分の場所にあるギャラリー「藝空間」。取材時は「Erotic Art」展。過去に佐伯俊男展も開催。

2011年に舊香居が出版した、著名人の直筆書簡展の図録。

学、哲学、歴史の書籍のみ。日本語の本もたくさんある。それ以外に美術品や骨董品も販売し、絵も売れば写真も売る。

「台湾で最初に文学者や芸術家、政治家の手紙やサイン本を売ったのも私たちだと思いますよ。顧客には父の時代から続くコレクターや研究者がとても多く、絶版となった芸術書や文学の初版本がほしいとき、真っ先に思いつくのはうちの店です。そうした収集家が信頼して売ってくれる、価値ある在庫が安定的に……というか膨大にあります（笑）」

本棚で特徴的なのは必ずしもジャンル別に分類していないこと。ただし、タイプが似ている本ごとの生態系があるのはわかる。理由を聞くと「扱うテーマは先の4つしかないし、ここに置いてある時点でもうすでに選別されているので。それ

に1冊の本の中にはジャンルに縛られないいろんな要素があるでしょう？」という答え。「通ううちにだんだん気づきますが、自分の目標にまっすぐ向かうよりは、ほかの店にはない発見をしてもらいたいですからね。だから値段もずいぶん安いと思います」

今は海外から本を仕入れることも、顧客が売りに来てくれることもあり、日本から台湾研究資料を売りに来る学者も少なくない。特に中国の顧客はかなり多いが、サイトはFacebookのみでネット販売はやっていない。仕入れは基本的には受け身で、買取なども顧客のほうから連絡が来る。

「来店者から稀覯本の探索を頼まれる場合もありますが、古くからの顧客が優先です。貴重な本ならなおさら、転売目的

134

舊香居

地下1階の倉庫には古書や骨董品が雑然と保管されている……。

ではなく心から本を大事にしてくれる人に渡したいから。今後の展覧会のために貴重な本は保存していますが、コレクターから自分のコレクションに唯一足りない1冊だからと求められれば、売っています。ただし展示で必要なときには貸してもらえる約束で。顧客とはそんな深い関わりをしているんです」

店名「舊香居」の意味は「あらゆる古いものにはそれ独特の香りと風味がある」。メディアでは店名のあとに「ブックストア」などと付けられるが本意ではない。「古いもの」の中身は本だけでなく、売り物も含め舊香居という場所に集まるものすべてに可能性が開かれている、という趣旨だ。2016年には店から徒歩2分の場所にギャラリー「藝空間」をオープンし、これまでに「清代臺灣文献資料展」(2004年)や「五〇年代絶版書籍設計展」(2010年)といった展示を開催してきた。

「ここは古本屋ですが、むしろ新しいものを試す場です。台湾にないと思えば、本に限らず何でもどんどん取り入れる。正直、私の中では『新しい』と『古い』の区別はなくて、『良い』か『悪い』、もしくは『好き』か『嫌い』か。私が良いと思ったものは、新しいか古いかに関係ないんです。コレクターの考えと同じで、とても単純。だから、いわゆる古本と一緒に新しいものを置いたっていい。ZINEや独立出版物を香港や日本、ヨーロッパから仕入れて売ったのも私たちが早かったと思いますし、新刊発表会や座談会、展示といったイベントを昔から開いていたのも、独立書店では珍しかったと思います。ここで試して良かったら、ほかの人も始めます(笑)。それに実は新刊書をここで売っても利益はとても低いんです」

「古い書物を新しい形で売る」典型例は、2014年に開催した「本事青春」展だ。1949年以降の台湾の現代小説や詩、雑誌といった貴重な古書を通じて台湾文化を映し出す展示を行なった。「そうは言ってもやはり古本なので感覚的に受け付けられないのでは、と当初は多くの人に思われましたが、こうした展示を積み重ねていって、今ではメディアからも挑戦的で面白いといった声をもらうようになりました」

店の奥の部屋と地下1階は倉庫になっていて、本以外にもレコードやら巻物やら大きな茶葉の保存缶まで、カオスとしか言いようがない中にもお宝がたくさん眠っていることが想像される。以前は地下でイベントをやっていたことが信じられない。毎日増殖する在庫に正確なリストがあるわけはなく、どこに何があるかのマップは呉さんの脳の中にだいたい入っているという。ひときわ高価なのは明朝時代のもの。過去に何百万もする本を売ったこともあると聞いてため息をついていると、「神保町は東京だけでなく、ここ台北にもあるってわかった?」と彼女が大きく笑った。

いちばん大事にしていることを最後に尋ねてみる。「お客さんとのつながり、交流。それに尽きますね。15年もやっていれば、舊香居に来ていた学生も社会人になり、やがて結婚して家庭を持つようになる。そのサイクルの中で彼ら一人ひとりの興味やニーズを理解して、少しでも趣味を持ち続けてもらうようにすること、です。私たちが売る本は特別だとも言えるし、生活必需品ではないとも言える。研究にしか必要ないかもしれない。でも彼らとの関係性を長く深く保つことで、本を『楽しみ(Joy)』の上に乗せてもらう努力をする。私が常にそうであるように。そうすれば政府の補助を受けなくても店を続けていけますし、展示やイベントをやってもまた来てくれる。つまり私たちには基盤がある、ということなんです」

舊香居
台北市大安區龍泉街81號1F
TEL 02-2368-0576 営業時間 13:00-22:00
定休日 月 https://www.facebook.com/jxjbooks/

Godkidlla
シャオツー

小子

Godkidlla　　　　　　　小子

INTERVIEW

破格の野性で
ブックデザインを超えて
躍動するアーティスト

Designer / Artist

シャオツー / 小子
デザイナー／アーティスト
1981年生まれ　嘉義出身

台湾の若手ブックデザイナーを取材した『T5 台湾書籍設計最前線』を読んでいて、息を呑んだ。眼光鋭い侍のような風貌。「godkidlla」と名前もイカつい。けれど装幀はどれも繊細で、作風も他の誰より振り幅が大きい。会いたいと興奮し、シャーキーさんと共同経営する讀字書店に来てもらったのだが、時間がなく帰してしまった。緊張感とともに新北市にある仕事場を訪れると、出てきたのはイグアナのような生き物。

すべて独学でデザインを学んだ

――先日はせっかく来ていただいたのにお話しすることができずすみませんでした……。まずはデザイナーになったきっかけを教えてもらえますか？

　生活のためです。家庭の経済状況が良くなかったので、学生時代に何か手に職をつけたいと思っていました。大学（国立高雄師範大学）では美術を専攻して、早くから自立して美術の仕事を受けていました。ただ、最初は自分がやっていることが「デザイン」だとわからず、人に言われてはじめて自分がデザイナーなんだとわかりました。台湾ではデザイナーが自分の作品によって有名になることは稀なんです。依頼に着実に応えて仕事をしていくなかで、いつからか人に「デザイナー」と呼ばれるようになる。それが自分だとだいたい24〜25歳の頃でした。
　どこかのデザイン事務所で下積みをした経験もなく、完全に独学です。大学で学んでいたのはファインアートだったので、パソコンを使ったグラフィックデザインを習ったりもしませんでした。だから当時は仕事ひとつひとつが手探りでした。最初はレイアウトがすごく下手だったのが、手を動かしているうちにだんだんとソフトも習得していって、次第にいろんな素材を使うことを覚えていきました。勝手にいろいろ作って売り込んで、初期には展覧会のポスターやDM、CDジャケットなど多岐にわたって仕事をもらっていたんですが、その頃からブックデザインも結構やっていましたよ。
　台湾のデザイナーってみんなブックデザインをやりたがる。それは自分のデザインした本が書店に置いてあることが、アート表現の一種のようで誇らしいからです。僕もそうなりたくて、

138

Godkidlla　　　　小子

『眉角』。右から創刊号の「佔領」、第2号「開飯」、第6号「四非」。　　『眉角』創刊号「佔領」の誌面。

台湾のありとあらゆる出版社150社以上に自分のポートフォリオを送り付けたところ、1社だけ返事が来ました。それが、日本にもあるかどうかわからないんですが、「言情小説」という（ケータイ小説のような）ティーンズ向けノベルの装幀。本の仕事のうちの最初の数作です。言情小説のカバーデザインのセオリーは誇張気味な色味や字体で、そこを基盤にして自分の作品スタイルが確立されていったように感じます。

――自身で雑誌を作っていたと聞いたんですが、どんな内容ですか？

2015年に創刊した『眉角（DECODE）』という雑誌のことですね。制作当時（2014年）、台湾では「ひまわり学生運動」と呼ばれる一連の大きな社会運動があって、それについてSNSの書き込みがさまざまにあったのですが、どれも非常に浅はかなものばかりでした。そういう現象を目にして、毎回異なる社会的なテーマを扱った本のような雑誌が台湾には必要だと思うようになった。それが自分たちの勝手な信念ではないことを確かめるため、そうした出版物が台湾の人たちに必要かどうか合理的で公平な判断をしてもらおうと思い、クラウドファンディングというかたちで資金を募ったんです。

結果的に500万元（約2000万円）集まりました。1年かけて複数巻発行する予定だったので、そのすべてにかかる印刷・製本・用紙コストと写真の使用料、スタッフの給料などを概算しての金額でした。誌面には絶対に広告を入れたくなかったから、この手法をとったのもあります。隔月刊で1年間に全6号を発行して、今は休刊しています。読者の反響がとても良くて、売上は悪くないどころか、スタッフみんなにボーナスを配れるくらいでした。台湾の雑誌では珍しいことだと思います。

――ということは、創刊号はひまわり学生運動のドキュメントということですか？

それだけではなく、「占拠（佔領）」運動全体がテーマです。ひまわり学生運動は学生を筆頭に市民が台湾の立法院を占拠したこともあって、「占拠」と言うと暴力的なイメージが付きまとうようになった。社会運動に対して気軽に自分の意見を表明することが難しくなってしまった状況下、「公式」でも秩序立ってもいない場所で自分たちの考えを発信しようと思ったんです。非常口を出ていく表紙デザインの意図は、法治体制が正常でなくなると市民はやむをえず「占拠」という非合法な手段に訴えるしかない、攻撃ではなくあくまで危険から逃れる手段としての抗戦なのだ、ということの表現です。

この号では「アラブの春」やヨーロッパの反緊縮財政デモ、アメリカの「ウォール街を占拠せよ」、さらには同年に起こった香港の民主化要求デモ「雨傘革命」まで、世界のさまざまな路上運動や占領の方式を誌面に展開することで、読者に未来式のアクティビズムのあり方を想像するよう訴えかけています。森林を守るために木の上に家を建てて占拠する事例もあって、面白かったですね。

『眉角』はその後も、第2号「開飯」（食卓上の民族誌から食品安全まで）、第3号「魯蛇」（"loser"の当て字。低収入で恋人がいない"非リア充"男性）、第4号「皮影」（中国の伝統的影絵芝居。2016年の台湾政権交代に絡め、国会そのものを影絵に見立てた風刺。政治家特有の中身のない話し方のための単語帳「完全官腔手冊」が付録）、第5号「告別」（介護保険から安楽死まで、台湾の老いと死の様々）、そして最終巻の第6号「四非」（「罪」の分解字。罪と罰、正義や審判について）と続きました。毎号まったくテーマが違うので、リサーチや取材

139

小子の仕事場はアトリエ兼住居。

は毎回一からやり直しました。

　発行部数はどれもだいたい4000部です。デザイナーは僕のほかにもう1人いて、デザインだけでなく内容すべてに関わりました。特集テーマや章立て、文体や編集やデザインの方針については制作チーム5人で話し合いながら進めたので、とても時間のかかる制作スタイルでしたね。取材も大変です。制作過程全般にわたってチームで同じ時間を過ごしました。

デザイナーが社会意識を持つのは自然なこと

――ブックデザイナーがここまで社会意識を持って本の内容に深くコミットして制作することは非常に稀だと思うんですが、どうしてでしょう？

　特別な使命感があるわけではありません。ただ、自分が生まれ育った家が貧しいブルーカラーだったので、幼い頃から、社会の最下層に暮らす多様な人々の生活を目の当たりにしてきました。そういうことについてはもともと関心を向けるべきだと思っているので、むしろ「どうして？」と聞かれることが逆に不思議ですね。デザイナーもほかと同じ、社会の中の職業のひとつです。ひまわり学生運動の引き金になった中国との関係は台湾の一般的な企業にも影響してくるので、この問題に向き合っていたのは僕だけではないと思います。

　『眉角』はデザイン的な側面から見れば決して大きな挑戦をしているわけではないのですが、ただ、あのユニークなメンバーと一緒に仕事ができたことは自分にとってとても大切な経験になりました。デザイナーというのは基本的に孤独な仕事で、それまで多くの仲間と長きにわたって仕事をしたことがなかったので。6号目が出たとき、やっと試合が終わったような感慨がありました。

――ほかに小子さんがデザインした代表的な本をいくつか紹介してもらえますか？

　探してきます。（となりの部屋から持ってきて）これはフィッツジェラルドの小説『夜はやさし（Tender is the Night）』の台湾版『夜未央』です。表紙の絵は細かく湾曲する描線を用いて海と山を表現していて、それが女性の横顔になっています。患者だった少女が自分の元から離れていったあと、精神科医はアルコールに溺れていく。酔って海に漂うような夢の中

140

Godkidlla　　　　　　小子

フィッツジェラルド『夜はやさし（夜未央）』。
表紙の上を泳ぐ美しい曲線。訳者は「一人出版社」の劉さん。

太宰治の『御伽草紙』。
和紙に雨のような筋が水性ニスで印刷されている。

で、彼女が待つ小さな丘に行けるようにと、こんなデザインにしました。線はパソコンで1本1本描いていったのですが、これを出版社がポスターにしようとしてデータを開いたとき、あまりにも線が細かすぎて驚いていましたね。

　こちらは逗點文創結社（→60ページ）から出版された、太宰治の『御伽草紙』です。防空壕の中で語られる物語なので、その湿っぽい穴の中に水滴が落ちてくる感覚と、飛行機が爆弾を落とすイメージとを同一面に融合させました。カバーに雨の痕跡のような層を重ねて、まさに雨が降っているみたいに。これもすべて手書きです。

　峠三吉の『原爆詩集』も同じく逗點の本ですが、カバーを広げると書名を中心にして詩の文字が斜めに立ち上がっています。ソデを斜めにカットすることで傾斜を強調しました。この本では広島の原爆のキノコ雲を明確に描きたくはなかった。というのも爆発時にそこにいた人たちはそれを見る間もなく亡くなったか、あるいは必死に逃げていて見えなかったと思うからです。だから爆発時の振動や残像をデザインの中心に据えました。恐ろしく心が痛む話ではあるけれど、それを記憶し、最後には読者に希望をもたらすものにしたくて、カバーを取った表紙には雲の漂う青空が印刷されています。

　このどぎついピンク色の本『台北無聊風景』は『秋刀魚』を出している黒潮出版から刊行された写真家・鄭弘敬の写真集です。何でもない台北の日常風景（「無聊」は「つまらない」の意）を撮ったものですが、表紙をデザインするにあたって、タイトルの漢字を1字ずつ台北の街中の看板から探してきて、その写真をステッカー（ラメシール）にして手貼りしています。むかし子供の頃に遊んだトレーディングカードの感触を再現しました。最初に鄭さんがPDFで送ってきたときに写真はすでにピンク色で縁取られていたのですが、台湾の風景そのもの

がすでに混然としているので、この大胆な色を使ってもアイキャッチを削がないというか、逆に台湾の街並みのカオスな力を引き立たせてくれると考えました。

　独立出版社と多く仕事をしているように見えますが、特に限定しているわけではなく、たまたま彼らがより広い表現の幅を与えてくれるだけです。台湾の大手出版社は市場の反応を気にしすぎるところがあるので、どうしても保守的な姿勢になりがち。結果的に独立出版社と仕事するほうが裁量のゆとりがあって、自分が100%満足できる作品を作りやすいんです。

──今の4冊だけを見てもバラエティが豊かでデザインの幅がとても広いと感じます。どこから制作のインスピレーションを得るんでしょうか？

　まずは必ず原稿を最後まで読みます。それで、本の内容から着想を得ます。あとは自分でいくつか試してみるポイントに従って、アイデアを発展させていきます。納期によってステップは異なるんですが、しいて言うなら内容に合いそうなBGMをSpotifyで選んでから作業に取りかかります。

──デザインに共通するその「ポイント」は「自分の手を動かしている」点だと感じました。

　たしかにそうですね。最近ではブックデザインの素材になった手描き原稿を作品として1枚ずつ販売しています。実はここ

デザイナーもほかと同じ、社会の中の職業のひとつです。

141

Godkidlla　　　　　小子

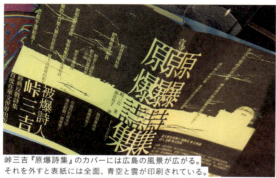

峠三吉『原爆詩集』のカバーには広島の風景が広がる。
それを外すと表紙には全面、青空と雲が印刷されている。

鄭弘敬の写真集『台北無聊風景』。

　数年ブックデザインの仕事は少なくて、去年は4〜5冊。展示やイベント、CDジャケットのほうが多かったですね。依頼には波があって、月に5冊来ることもあれば、数カ月に1冊というときもあります。台湾にブックデザイナーは数多くいても、出版規模の縮小につれて出版社が出す本もさらに保守的な傾向になりがちです。そんななか僕の作風は大胆なので、オファーも限られるんだと思いますね。まあ、台湾のブックデザイン費はすごく安いので、生計にあまり影響はないのですが。

──台湾のブックデザイン費の相場って、いくらですか？

　バラバラです。僕の場合、カバーだけだと1件につき2万5000元（約10万円）。それが新人だと7000元（約2万8000円）になったりします。文字本かビジュアル本かによりますが、中身もデザインすると料金は上がります。外見と中身がちぐはぐな印象になるのが嫌なので、最近はできるだけ両方やりたいと要求しますが、いずれにしろデザイン料は安いので、僕が本の仕事をやっているのは単純に本が好きだからです。それに頼って良い生活を保つことはとても難しい状況ですが、そもそもの最初から来る依頼のジャンルはいろいろだったし、僕が好きなのは創作そのものなので、形式が本だろうとCDだろうと何でもOKです。

──逆に仕事を断ったりするケースもあるんでしょうか？

　結構ありますよ（笑）。本の内容があまり好きじゃなかったり、クライアントの評判が悪かったりしたら断ります。仕事そのものではないですが、台湾に製紙事業をメインとする永豐餘グループという会社があって、液晶ディスプレイを制作する韓国の子会社が低い賃金の問題で社員を自殺に追いやりました。それ以降、クライアントから指定される場合を除いて自分からそこの紙は使わないようにしています。あとは幼児教育本など、自分が興味を持てないテーマです。必ず原稿を全部読んでからデザインに着手するので、読み進められない本はデザインできません。自分の制作意欲が湧くというのが一番です。

本の原点にあるものは変えられない

　クライアントからの制約を感じる瞬間は毎回あります。なので、年に2件までしか仕事のちゃぶ台返しをしてはいけない、と自分で自分にルールを定めています。また、クライアントからのデザインやり直しが3回以上になると、それ以降は1回ごとにデザイン料を20％増しにしてもらうよう、あらかじめ決めています。それでもクライアントが受け入れてくれそうにない場合、何度も直してわけのわからない本が出来あがるよりは、思いきってプロジェクトを中止しようと提案します。自分はそこまでのデザイン提案料だけもらえればいい、と言って。日本だともらえないんですか？　これはむしろクライアントにとっても良い方法だと思います。お互いのイメージが合致していかないなら、早々にやめたほうが傷が浅い。これは怒りではありません。反りが合わないなら、まあいいやって感じです。

──デザインするときにいちばん大事にしているポリシーは何ですか？

　案件によって異なります。たとえば『夜はやさし』の表紙は色や書体は変えられるけれど、ベースの絵は変えられません。それがこの本の原点でありすべてなので、変えろと言われた

142

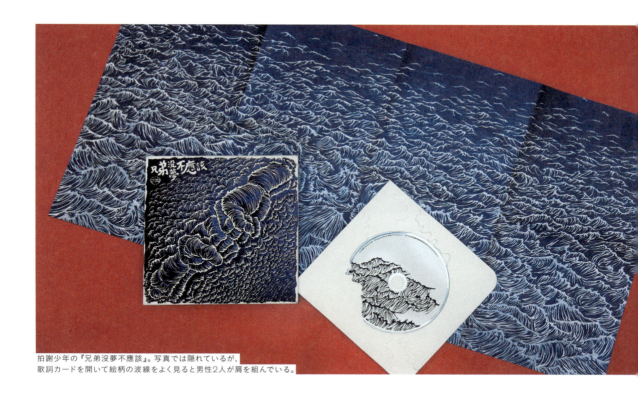

拍謝少年の『兄弟沒夢不應該』。写真では隠れているが、
歌詞カードを開いて絵柄の波線をよく見ると男性2人が肩を組んでいる。

ら仕事を降ります。譲れません。『原爆詩集』はタイトルを中心にした文字レイアウトを調整しろと言われたらダメです。どんな作品も読んだあとにその作品本来の姿が自分の中で立ち上がります。それをもとに本の全体を設計しているので、その原初となる核の部分は変えたくはないのです。こんな自分でも一緒にやってくれる出版社は少なくはないですね。

　本だけでなく音楽の世界にもパートナーはいます。台湾語で歌うロックバンドの「拍謝少年」とは2009年から現在まで、通算2枚のアルバムとライブのビジュアルなどを作ってきました。台湾で有名な養殖魚、虱目魚（サバヒー／ミルクフィッシュ）がバンドのシンボルで、節目のライブにはこの魚の頭のかぶり物を僕が被ってステージに加わります（笑）。2枚目の『兄弟沒夢不應該（兄弟よ、夢がなくてはだめだ）』は台湾最大の音楽賞「金曲賞」の今年の最優秀アルバムデザイン賞を受賞しました。ジャケットは黒の箔を押したあとに、さらに凸と凹の銅の型2枚を使って両側からプレスして立体感を出しています。黒箔の型には金属ペンで筋を細かく書いて。「海を見ると人生を思い出す」などと言われるように、台湾人と海の結びつきは強い。バンドメンバーも30歳を過ぎて、海流に逆らうよりはそれに身を委ねて生きていくほうがいいと思うよう

になる……。そんな海と人間との一体感を立体化させたいと考えました。初回は2000枚作ったのが売れて、慌てて今年の正月に2000枚追加プレスしました。来年に東京・東麻布のNIBUNNOという泊まれるギャラリーで行なう予定の展示は、このアルバムデザインの延長の世界を考えています。

——中華圏のデザイナーならではだと感じられる強みはありますか？

　あるとしたら、モチーフの扱い、とりわけ文字をそのまま図案化するのが得意、ということかもしれません。自分のインスピレーション元の多くは台湾のストリートです。街中に転がるデザイン処理されていないものを、新しい形式に整理して作品に取り入れます。人が汚いとか醜いとか思うものでも、自分なら受け入れてもらえるデザインに落とし込める自信がある。僕の作品にはそういう一種の野性があると思います。そしてその野性は、ほかの国のデザイナーから見つけるのは難しいかもしれません。

——書も小子さんのデザインにたびたび使われますよね。

143

Godkidlla　　　　小子

依頼を受け小子が制作した台湾総統府の2018年（戌年）年賀状。
台湾総統・蔡英文が飼っている3匹の元・盲導犬がモチーフ。

　大学の入学試験に書道が必須だったんです。当時は半紙に文字をどう収めるかもすらわからなかったくらいのレベル。それが最近ではクライアントから刺青や家の掛け軸といった依頼が来るようになりました。最初はブックデザインにも既成のフォントを使っていたんですが、それだと個性が足りなく、作品ごとにぴったり合うフォントを探すのも難しい。書道家に依頼するお金もないので、自分で書くしかなかったんです。1つの字を何十回何百回と練習して、上達していきました。

デザイン界の不明瞭な制度を変えていきたい

――小子さんは台北の讀字書店の共同オーナーでもあり、高雄でも書店を経営していると聞きました。ブックデザイナーが本屋もやる、というのはすごく珍しいことだと思います。

　2014年に始めた三餘（サンユー）書店のことですね。それ以前にもイベントスペースを運営したことがあって、台北では盛り上がっている本のイベントも、南部や中部では主催者も参加者も少なくなることに気づきました。その原因を知りたいというか、もしかしたら自分たちが台北だけで満足してしまっているのではと反省したんです。そこで、出版から販売まで自分でコントロールできて、イベントも開催できる実験の場が（自分の出身地に近い）高雄にあればとても便利だと思い立ちました。たくさん仕事をしていた逗點文創結社のシャーキーとは以前から本屋を開く話はありましたが、三餘書店のほうが先です。とはいっても仲の良い友達と何人かで、そんなに深い考えもなく始めたというほうが真実に近いです。打ち合わせするときにただ、「自分の店集合」って言いたかったから（笑）。
　でも実際に本屋を開いてみると、やはり台北と高雄とでは何もかもが違いました。太陽の出る日が多い南部では週末は屋外で活動することが習慣化しています。そこでイベントやセミナーをやってもそんなに人は来ないけれど、水曜や木曜に開催するとむしろ参加者が多くなる。住む地域が違えば行動習慣が違い、本との関わりも違ってくるというわけです。思うに本屋にはそれぞれ「性格」のようなものがあります。三餘書店は地元の文化を盛り上げようと自分のキャパシティ以上のことをして苦労している頑固オヤジ。一方、讀字書店は活発な若者。活動的で可塑性が高く、変化を受け入れる空間をたくさん持っています。
　本のセレクトも生き物。三餘書店には最初、誰もが好きそうなものの中から薦められる本を選んで並べていましたが、お客さんが書店のテイストに慣れてくると、だんだんと自分たちの好きな本を置いていく。実験的な雑誌や洋書、大型書店ではあまり取り扱わない詩集など、逗點文創結社に限らず独立出版の本を中心に。食品安全の本の横にLGBT関係の本を置いたりもして。結構売れるんですよ。書店運営は基本的には店長に任せていて、僕は会議が必要なときだけ行きます。

――そんなふうに今、独立書店を始める若い人が台湾全土に多いと思うんですが、その状況をどう見ていますか？

　ただただ面白いと思っていますよ。逆にどうしてそんな質問をするんでしょう？ 独立書店を開くという選択自体は厳しいものです。すでに存在する本屋すら生き延びるのが難しいなかで、一時の夢のために本屋を開くのだとするなら、僕が心配するより先にきっと失敗するでしょう。もしも開いた本屋を続けられたのなら、それは出版市場が拡大し、より多くの人が本を好きになる可能性が増えることを意味します。本屋に

144

Godkidlla　　　小子

桃園市の寺院・普済堂で毎年行なわれる関帝誕のビジュアルも担当。
数量限定販売のお守りはすぐに完売した。

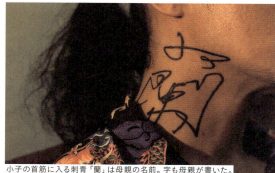
小子の首筋に入る刺青「蘭」は母親の名前。字も母親が書いた。

とっても読者にとっても良いことでしかありません。
　少なくとも台湾の独立書店は協力し合う関係にあって、そのあいだに競争意識はないと思います。なぜならもともと本の市場は終わっている、というのがスタート地点だからです。だから今後もさらに多くの若者たちが独立書店に挑戦し、その結果、書店とその文化が生き延びていく方法を見つけられるのだとしたら、すごく良いことだと思います。もし続けられなかったとしても、直接的には僕に関係ありません。もともと本の市場は良くないのですから。

——1人のデザイナーとして、今後の台湾のデザイン業界はどう変わっていくべきだと思いますか？

　問題があるのは制度面です。台湾ではデザイナーへの依頼の仕方や仕事全体の進め方があまりにも整っていません。基本的に、契約もない。ブックデザインのフィールドへの入り方もわからないし、どこまで頑張ればいいのか、キャリアパスもない。セカンドキャリアも不明確で、だから後進に道を譲れない。かといって一生コンスタントに仕事を続けるのも厳しい。デザイン料も安すぎるというか、デザイナーによる格差が甚だしいですね。自分を売り出したい学生が無料で引き受けてしまうのも問題です。しかし同時に大量の仕事を引き受けないと、デザイナーは生活を維持できない状況にあります。
　僕がデザインの仕事を始めたときは「デザイン費」という概念すらなく、印刷費に含まれていたくらいです。提出したコンペ案やラフの流用も横行していた。そうした悪い慣習を僕たちの世代は少しずつ直してきたつもりです。自分も今はまず契約してから仕事を始めますし、仕事が増えたり時間が引き延ばされたりした場合の追加費用も契約内容に記します。

——日本でも、本の売上が落ちれば出版社は制作コストを下げて、結果、また面白くない本が世に出ることを誘発する。そんな悪循環があります。どうしたらこれを少しでも変えられると思いますか？

　地図本やレシピ本など、ネットに代替されるのが適切であるようないくつかのジャンルの本は消失していくと思います。でもこれを逆に言い換えると、「読む」という行為が本だけに限定されなくなっている、ということです。出版社ごとにある強みを活かしつつ、人々にどうやって読書習慣を身に付けてもらうか。収益を本だけに頼ってはいけないかもしれません。

——小子さん自身は「本の未来」にどう関わっていきたいと思いますか？

　大きな質問ですね。僕の肩書きはデザイナーなのかそれともアーティストなのか、よく聞かれるのですが、自分では「芸術力求生存（芸術力で生き残る）デザイナー」だと言っています。台湾では今、アーティストとデザイナーの区別はあいまいです。僕はデザインも好きだしアート作品も作るので、自分で自分を正確にどう呼べばいいかわからない。でも相手が本の場合は可能なかぎり内容を真摯に表現するよう1冊1冊をデザインするのみです。読者が本に興味を持つように。それが自分のできることです。

小子　Godkidlla
https://www.facebook.com/godkidlla

漢聲巷

中国の民間文化を濃密なデザインで記録し伝えていく

　最初に目にしたのは、都築響一さんの『だれも買わない本は、だれかが買わなきゃならないんだ』の中だったように思う。欧米のものとは異なる、過剰な土着性とも言うべきデザインの論理で制作された『漢聲（ハンシェン）』という本の数々に目が釘付けになった。中国の民俗文化があふれてくるような、分厚くて、手の込んだ造本。松山文創園区から歩いて少し、ひょうたん型の入口を潜ると白い壁には日本の出版・デザイン関係者の名前もたくさんサインしてある。台北に行くと言えば誰もがここをと薦める、自社のショールームのような書店「漢聲巷」に店長の鄭美玲さん（ヴィッキー／1966年生まれ）がちょうど出社してきたところだった。

　書店を開いたのは2008年なので今年でちょうど10年目。取り扱うのは「漢聲」の出版物のみだ。入ってすぐに雑貨や民芸品、そして絵本売り場と続いて、強烈なデザインの『漢聲』が大量に目に入ってくる。奥にはラウンジのようなスペースもある。編集部（美術担当）にいた鄭さんが店長になったのは7年前で、漢聲で働くのは30年になる。「当初はここを漢聲の博物館にしたかったんです。ほかの店で本が見当たらないとき、ここに来てもらえるように。私の役目は漢聲のストーリーとスピリットを来店した読者に直接伝えることです。本の中身を深く知ってもらって、『漢聲』を買ってほしいんです」

　『漢聲』の出発点は1970年に創刊された英語の雑誌『ECHO』にさかのぼる。「『ECHO』はチャイナエアライン（中華航空）の機内誌でした。内容は中華民族の生活文化や衣食住など。民間のカラー雑誌の第1号です。英語で作ったのはそれが中国の伝統民俗文化を世界に伝える一番早い方法だ

漢聲巷

店に入ってすぐ横では伝統工芸品や雑貨を販売。壁にはサインが多数。

英語版の『ECHO』。1971年12月号（右）と1976年4月号（左）。

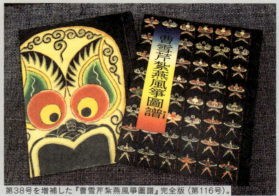
第38号を増補した『曹雪芹梨燕風箏圖譜』完全版（第116号）。

から。1976年まで続き、その後1978年に中国語版の月刊誌『漢聲』を創刊しました（第1号は「中国の写真」特集）。『漢聲』がもっとも得意とするのは伝統工芸や民間文化を完全に記録することです」

と言って見せてくれたのは、油傘（高雄の客家の名産物）の作り方だ（『ECHO』1976年4月号）。竹の骨組から始まり、防水のために油を塗るまでがステップを踏んで写真とともに記録されている。1998年、台湾から中国大陸に行けるようになると、本土にルーツがある台湾人にもともとの文化の扉を開くような特集を始める。『台湾的泉州人專集』（第19号）では台湾の龍山寺と福建省（泉州）の安海龍山寺（台湾にある多くの龍山寺はここから分廟された）を図解しつつ比較している。

「中国に取材に行けるようになって、そこにたくさんのテーマがあることに気づきました」。凧職人の工房を取材した『曹雪芹風箏譜』（第38号。『紅楼夢』の作者・曹雪芹が18世紀の清代に著した凧の解説書の復刻版）には、凧の各パーツの名称、口誦で伝承されてきた「作り方」歌、着彩、骨組の比率などが収められていて、さながら凧の図鑑だが、その執着性がデザインと相まって実用性を超えていく。この号からテーマごとに不定期に発行される雑誌の形態を取るようになった。店内中央の平台や壁の本棚には判型も企画もさまざまな、そんな『漢聲』バックナンバーがずらりと並ぶ。

「すべて漢聲の編集者が取材して作っています。編集部は中国（北京）と台湾（台北）双方にあり、スタッフはそれぞれ20人と10人。台北オフィスはこの上です」。いま大部分の編集作業は中国で行なっている。基本的にはまず繁体字版を作り、2010年からはテーマが合えば簡体字版も出版。それほど中

漢聲巷

『惠山泥人』第3巻。泥人形の作り方がコマ撮りで詳細に記録されている。

縁起の良い図柄を使用した台湾茶のパックはお土産に人気。

国本土の風物を取材するようになったからだが、逆に台湾で受けそうにない特集は簡体字版のみを作る。たとえば上海蟹の特集（『中国水生动物——大闸蟹』）がそうだ。部数は号によって変わるが、たいてい3000部は刷らないと造本や用紙のコストを回収できない（毎年の旧正月の飾り特集号「○年大過」シリーズは5000部で一定）。繁体字版は台湾で、簡体字版は中国で印刷する。中国で繁体字の本を印刷するには基準も厳しく手続きも煩瑣なのだ。

「たとえばこの『貴州蠟花』（第42号）で取材したのは中国の貴州省なんですが、中の写真は台湾のコレクターから借りています。北京の編集部がまだ成熟していなかった初期には、台湾の編集者がすべての取材をしていました」

デザイナーも全員社内にいるが、そのすべてをディレクションするのは「漢聲」の創設者であり、代表でありアートディレクターの黄永松さん（1943年生まれ）。半世紀近く、漢聲の200以上の出版物のデザインと編集に関わってきた人物だ。

「漢聲の特徴は、編集者（文編）がデザインを知っていなければならないし、逆にデザイナーも文章が書けないといけないということです。取材の現場では編集的判断と美的判断が一体化していますから。私たちは人員も少ないので、取材前には調査・準備にたっぷり時間をかけます」と言って教えてくれたのは、先ほどの福建省の龍山寺の取材エピソード。誌面には詳細な図面が載っているが、30年前の当時には平面図の情報もなく、自分たちで歩いて測ったり身長をもとに比率を割り出したりした。まずは台北の龍山寺を練習台として、2週間かけてその平面図を作ることから始めた。中国本土に行って取材するのは、それほどの緊張感を伴う作業だったわけだ。道具が揃わなくても、素手で記録していく。その迫力が誌面に説得力を与えているような気もする。

今でも複数の企画が同時進行で、プロジェクト間を行き来しながら完璧な1冊にまとまったものから出版する。だからどうしても刊行は不定期になる。

「たとえば、この『惠山泥人』（江蘇省で泥を用いて作られる伝統的な人形）のシリーズ3冊は制作に10年近くかかりました。発見したときにはすでに消滅していた工芸だったからです。記録のためだけに、もう引退していた先生にひとつひとつ作ってもらうのはもったいないと思ったので、南京の東南大学の客員教授として4年間授業を受け持ってもらいつつ取材しました。デジカメもない時代に制作の全工程をコマ撮りのように撮影するのは大変で、照明を当てるとすぐに泥が乾く。すると先生もすごく怒る。どうしようもなくて結局、1組は撮影用、もう1組は記録用と、同じ人形を2体ずつ作ってもらいました。当時の中国ではライトが切れると調達するのに車に乗って街まで2時間、といった具合でとにかく苦労の連続でしたね」

どうやってビジネスとして成り立たせているのかが不思議でたまらないが、「実は漢聲は一度も儲かったことがないんです」と断言された。デザインの邪魔になるので今はいっさい広告を入れていない。売上を支えているのは、1983年から発行を始めた児童書の翻訳。海外版権を買って絵本を出版する嚆矢だったのではという。子供の頃に読んだ世代が親となってまた買い、30年前の絵本も版を重ね続ける。1984年に翻訳出版した『はじめてのおつかい』（筒井頼子・作、林明子・絵）の奥付を見ると29刷で、今でも毎年2000冊は売れているそうだ。

初期の読者は研究者や教師が多かったが、最近では海外のデザイナーが目立つ。ただし『漢聲』はどれも判型が大きく重い。買っても郵送する人がほとんどで、あるいはホテルまで

148

漢聲巷

干支ごとに12巻ある旧正月の飾り特集号「○年大過」シリーズ。

　店が送ったりするというが、今のところネット販売はしていない。やはり読者との直接交流を第一にしているのだ。
　「私たちがグッズを多く作るのは、工芸品・民芸品の素晴らしいデザインを世間に対して発信する機会を増やしたいからです。この4種の台湾茶には『漢聲』でも取り上げた鳥や木といった縁起の良い図柄が使われています。読者が2次元で見るものを立体化させて触れられるようにするのがグッズの役割ですよね。そういった細かいところまで、しっかりと伝えたいと思っています」
　荷物になるとは思いつつも、『漢聲』を実際に手に取ってみると買わずにはいられない。『漢聲』はスペースを多く取るし定期的な出版物ではないので、たとえば誠品書店などではなかなか置いてもらえません。買ってもらうにはいま私がやってみせたような説明も必要です。それでも毎号買いたいというファンにはメールアドレスを登録してもらい、新刊が出たときにお知らせするというかたちで通販もやってます。サイトを早くリニューアルして、世界に読者を増やしていきたいですね」

漢聲巷
台北市松山區八德路四段72巷16弄1號1F
TEL 02-2763-1452　営業時間 13:00-20:00
定休日 日　http://www.hanshenggifts.com/

149

Voices of Photography

攝影之聲

Wei-I Lee + Lili Chien
李威儀＋錢怡安　ウェイイー・リー＋リリー・チェン

VOICES of 攝影之聲
PHOTOGRAPHY

取材時の最新号は下段右から2番目の第23号「韓國專題」。

Voices of Photography　　攝影之聲

INTERVIEW

写真が語る文化を
言葉で探究していく
インディペンデント写真誌

Publisher

（右）ウェイイー・リー／李威儀
1982年生まれ　台北出身

（左）リリー・チェン／錢怡安
1985年生まれ　台北出身

Voices of Photography
（ボイセズ・オブ・フォトグラフィー）編集長＋編集

最初に見たのは2手舎の販売ブースでだったろうか。「抗議」「謎」「記憶」といった特集が毎号面白く、今は亡き任航（レン・ハン）を知ったのも『Voices of Photography』上でだったと思う。その後、編集した写真集が誌面で紹介される縁もあったが、今回初めて深く話を聞くことができた。松山区にあるビルの階段を昇ると、各国各年代の写真集が棚に整然と並ぶ個人図書館のような仕事場で編集の2人が迎えてくれた。

対話を通じて「文化としての写真」を浮き上がらせる

ウェイイー：『Voices of Photography（攝影之聲）』（以下『VOP』）は2011年9月の創刊です。写真が趣味で出版やデザインにも興味がある私が、読者として本当に読みたい理想の「写真の雑誌」を試しに自分で作ってみたのが始まりです。台湾の既存の写真雑誌はレンズなどの機材や撮影技法といったテクニック面を取り上げる「カメラ雑誌」ばかりで、私が知りたいと思う、アートや文化、歴史の側面から写真について考察する評論誌はなかったんです。なので、それを作るというのが『VOP』のコンセプトです。

　探究したいのは「写真とは一体何なのか？」という問いに対する答えであり、その言葉に向かう好奇心が私たちを駆動しています。雑誌の中で私たちが常にアーティストや関連する作家にインタビューするのもこれが理由です。毎号のテーマに基づいてさまざまに取材を行ない、写真家の創作と思考について理解を深めていきます。写真と対話を重ね、思弁することで写真のさまざまな可能性を探し出せたらと思っているんです。そのほかに討論や評論、書評があり、写真集や写真史についても紹介しています。「写真」のロードマップを描き出そうとする試みです。こうしてさまざまな角度から「文化としての写真」を浮き上がらせるのです。

――2人が創立メンバーなんですか？

ウェイイー：『VOP』のプロジェクトを始めるときに私の友人たちに声をかけたのですが、リリーはそのうちの1人です。同じ大学で彼女は映像と放送を、私はジャーナリズムを学んでいました。卒業して私は「聯合報」という大手新聞社で記者を

Wei-I Lee+Lili Chien　　　　　李威儀＋錢怡安

編集部の本棚には世界中の写真関連図書がぎっしり並ぶ。
『PROVOKE』(回顧展のカタログ)やChim↑Pomエリイ写真集なども。

していたのですが、夢だった雑誌を作るために1年で辞め、『VOP』が誕生して以来ずっと私が編集長を務めています。でも、ここに至るまで本当にたくさんの人たちに助けられました。加わってくれたリリーは今はシニアエディターで、『VOP』に関わる仕事のすべては基本的に私たち2人でやっています。

―― 創刊するにあたって、参考にした海外の雑誌があったりしますか？

ウェイイー：参考というほどまでではないのですが、オランダの『foam』やニューヨークの『aperture』といった写真誌は好きで読んでいました。先ほどのコンセプトに付け加えると、『VOP』が重視しているのはアジアの写真の発展です。台湾以外にも中国、日本、韓国といった国の写真家や作品を紹介し、国を超えてイメージ（影像）研究者に論評してもらっています。最新号（第23号）もちょうど「韓國專題」というテーマで、この10年間の韓国現代写真の流れを作ってきたノ・スンデ（盧純澤）やキム・イギョン（金益鉉）といった写真家を特集しました。「アジア現代写真文化シリーズ」の第1回として、今後も続けていく企画です。ちなみに『VOP』創刊号は「新紀實／New Documentary」を特集しました。ジョン・ラフマンやアレハンドロ・チャスキエルベルグ、張曉（チャン・シャオ）など。誌名のフォントをはじめ本の佇まいや内容が今とはだいぶ違いますね。最初は本当に慌ただしく作っていましたから。

まずは自分たちの趣味と興味から出発する

ウェイイー：『VOP』の刊行ペースは不定期です。創刊以後6号までは隔月刊にしようと懸命でしたが、人手も足りず、内容に深みを与えたかったので、今ではだいたい3カ月に1冊の発行です。約7年かけて23冊。そういう意味では、きちんとした雑誌を装った同人誌（ZINE）とも言えるかもしれません（笑）。当初は毎号1000部刷っていましたが、少しずつ増えて今では2000部です。なにせ2人しかいないので宣伝に多くのリソースを割けられないのですが、読者の支援や口コミでこうして部数が増えていったのがとてもうれしいです。おかげでバックナンバーの多くが今はもう在庫切れです。

販売は台湾内がメインで、2000部のうち2割ほどは香港や中国など海外の中国語圏で売っています。誌面は基本的に中国語ですが特集によっては英語を付したりするので、中国語話者以外の読者もいます。そういう方は『VOP』のネットショップで注文してくれますね。日本だと東京都写真美術館内のNADiff BAITENや2手舎、大阪のLVDB Booksでも売っていますよ。国内外にかかわらず宣伝する機会が限られているので、なるべく海外のブックフェアには参加するようにしています。この本が出ることで日本の読者との交流がさらに増えて、日本の書店で『VOP』がもっと取り扱ってもらえるようになればいいなと思っています。

ブックデザインは私がやることもありますし（第23号など）、デザイナーと協力することもあります。不定期発行なのでそのときに都合の良いデザイナーと仕事する方式なんです。といっても今まで3〜4人のデザイナーと仕事をしましたね。定期購読は基本的に8号単位です。台湾内だと3600元（約1万4000円）、アジア各国は5200元、それ以外の国は6160元です（送料込み。オリジナルトートバッグをプレゼント）。

―― 率直に言って、3カ月に1回、2000部の売上だけでやっていけるんでしょうか……？　何か副業をしていますか？

154

Voices of Photography　　攝影之聲

『VOP』の中では珍しい1冊丸ごと写真家特集号。第10号（左）は張照堂、第22号（右）は高重黎を取り上げた。

2016年の「SHOUT」の解体の仕方が動画（Vimeo）で公開されている。

ウェイイー：副業があるとすれば、オンラインショップ「VOP BOOKSHOP」です。たまに写真集を仕入れてそこで売っています。主に台湾やアジアの写真集を扱っているんですが、海外のお客さんも結構買ってくれますね。台湾の写真集のほとんどは独立出版で、あまり良い発信のパイプを持っていないので、たいていのものが私たちのショップに集まってきます。商品の梱包・発送はこのオフィスで作業していて、実はみなさんがいらっしゃる前にここにあった本の在庫の山を奥の部屋に片付けました（笑）。取材、編集、デザイン、印刷、販売、運送、梱包、発送、そして清掃まで全部私たち2人の仕事です。

それでも収益のほとんどは定期購読を含めた雑誌の販売からで、前号の売上を次号の制作費に充てるという感じでなんとか続けてきています。だから『VOP』は読者と一緒に維持している出版物です。広告も毎号取るわけではないし、そもそも広告に頼って回していきたいとも思っていません。やはり大事なのは、読者の支持です。

――『VOP』を知ったのは3～4年前で、「家族」「抗議」「謎」「廃棄空間」といった特集の視点がまず面白いと思いました。毎号、特に重視していることはありますか？

ウェイイー：『VOP』の特集は毎号すべて、私たち個人の趣味と興味から出発しています。「台灣攝影書特輯／Taiwan Photobook Issue」（第7号）や「影像檔案／Image Archives」（第11号）といった写真に直接的に関係のあるテーマもあれば、社会・文化・歴史的な方面からのアプローチもあります。いずれにせよ、作家の写真をただ載せるといったことはしません。1冊まるまる1人のアーティストを特集した号もあります。張照堂（チャン・ヅァオタン）と高重黎（ガオ・ゾンリー）の2人

の大御所ですね。どちらも台湾の写真家です。毎号のテーマに合った写真家の中から、写真について別の新しい見方を提示できるかどうかを重視して選んでいます。

リリー：本誌とは別に2015年から毎年「SHOUT」という特別編集号を出していて、1980年代生まれを中心とした台湾の新しい写真家を迎えています。多様かつ不定形な彼らの作品から受けた印象によって、毎年ちょっと変わったブックデザインを施します。2016年の「SHOUT」だと陳藝堂、楊雅淳、鄭弘敬、張卉欣の4人の写真を収録。一見A5サイズの本に見えるんですが、基本どのページも糊付け製本しているので、ポストカードサイズや2つ折、4つ折など、いろんな大きさに切り取れます。中にはポスターくらい大きなものもあって、1冊ごとに写真の順番が違います（ページの順番が違って表紙が異なっている冊子が全5種類ある）。バラバラに切り剥がしながら1冊見終わると元の本がなくなってしまい、もう復元は不可能です（笑）。2017年版は、写真家ごとにサイズの異なるポストカードや冊子に分かれていて、それを1つの本にまとめたデザインです。こういった出版物が現代の特別なビジュアル記録になればと思って作っていますね。

ウェイイー：今年からは単行本の出版（VOP BOOKS）を始めました。『VOP』の特徴である評論性をさらに深めるためです。2月に出たばかりの『製造意義』は台湾の写真評論家（写真文化学者）・郭力昕による執筆ですが、台湾では数少ない

そもそも広告に頼って回していきたいとも思っていません。大事なのは、読者の支持です。

155

Wei-I Lee+Lili Chien　　　　李威儀＋錢怡安

『VOP』第21号に侯怡亭のインタビュー記事が掲載されている。　　　陳以軒『In Between』。表紙も被写体の中心がノド側（背）に来る。

写真評論集です。戒厳令解除前の1980年代から現在に至るまでの台湾現代写真史を、台湾の写真家や写真集を題材に深く分析しています。目下、写真評論家、写真家、アーティストそれぞれによる評論集の出版を計画中です。

台湾に広がる多様で不定形な若い写真家の波

——ほかの国と比較して、台湾の写真家の特徴ってありますか？　彼らはどんなふうにして自分の作品を発表しますか？

ウェイイー： 作品自体の違いよりは、創作や発表をする際のリソースの違いでしょうか……いや、難しいですね。当然ながら写真家ごとに撮影対象も表現スタイルも個性も違うので、共通した台湾テイストを見いだすのはやはり難しいです。時代によっても変化するでしょうし。発表の場は本や雑誌以外だと写真関連のイベントですが、そんなに多くはありません。台湾は全体的にギャラリーの数が少なく、写真専門だとさらに限られます。作家がギャラリーに所属して作品を売るケースも日本に比べれば少ないはずですが、自分の作品を作りながら雑誌や広告の仕事をして生計のバランスを取ろうとするのは日本と同じかもしれません。若い写真家だとそれこそ今はみんなネットで作品を発表していますかね。シェアを通じて写真や名前が広がっていきます。

　自分で自分の作品集を出版（独立出版）する写真家もいます。台湾には日本の赤々舎のような写真集専門の出版社はないと言ってよくて、だからこちらの写真家は最終的には自分の力を頼るしかないわけです。もしかしたらこれも台湾で独立出版が盛んな要因のひとつかもしれませんね。

リリー：『VOP』には若手写真家からよくポートフォリオが届きます。2012年から2年に1回、台湾の写真集出版について回顧・討論するページ（「視線尋路」）を設けていて、出版社から出たもの、個人が独立出版したものにかかわらず、さまざまな写真集やZINEを前に評論家やデザイナーやクリエイターが討議していきます。特集を通して、台湾の写真の現状を見つめつつ、私たち台湾人がこの2年で何を作ってきたのかを振り返るんです。常に面白い作品を探しているので持ち込みも大歓迎です。『VOP』には毎号のテーマに沿って作家を紹介するコーナーがありますが、常にふさわしいテーマを設定できるよう、普段からいろんな作家の活動を気にかけています。

——2人が特に注目している若手の写真家がいたら教えてください。

ウェイイー： 私が好きなのは若手だと侯怡亭（ホウ・イーティン）というアーティストです（第21号にインタビュー記事）。1979年生まれの彼女は「歴史刺繡人」というシリーズで、日本統治時代の台湾の女学生を撮った古い写真の上に実際に刺繡をした作品を発表しています。実物を間近で見ると本当に立体的できれいなんですよ。写真の中で彼女たちが縫っている衣服や刺繡に、さらに刺繡を施した作品がメインです。実は彼女は家政の専門学校出身で、女性が学校で強制的に刺繡や生け花を習わせられてきた歴史を重層的に浮き彫りにしています。写真に直接刺繡するという、外科手術の縫合に近い感覚が写真に刻まれ、写真が皮膚感覚として迫ってきます。

リリー： かつて女学生がやったようにして写真に「刺繡する」行為を反復的に見せるパフォーマンス作品も彼女は発表していて、「歴史刺繡人」はそのプロジェクトの一部です。

ウェイイー： ほかに挙げるなら陳以軒（チェン・イーシュエン）

2017年の「SHOUT」。函を組み立てると入っていた冊子を収めるラックにもなる。

ですね。彼は2013年に『In Between（在中間）』というモノクロのアートブックを出したんですが、「大事」な被写体がちょうど本のノドに来るようにあえてデザインされていて、写っている女性や犬の顔や表情にフォーカスできない仕掛けになっています。写真には「対象（subject）」が必要だとはよく言われますが、それを彼は壊そうとしている。対象を探すためだけに写真を見るな、肝心なことは本の中心ではなく中間（in-between）にある、というメッセージが込められています。

リリー： 彼は台湾各地を漫遊した旅行記のようなもの（『Nowhere in Taiwan（遍尋無處）』）も撮っていますね。

ウェイイー： あともう1人、張卉欣（チャン・フェイシン）がいます。彼女の『A flower is not a flower』という作品集は黒いファイルのようなものを開くと大小さまざまの写真シートが雑多に入っていて、彼女が道端で拾った、ほとんどゴミのような物体が1点ずつ同封されています。これを「本」と呼べるならですが、1冊ごとに違っていて、写真だけが同じ。200部限定で、すべて手作りです。

——逆に2人から見て日本の写真の面白いところがあれば教えてください。

ウェイイー： 最近の日本の若い写真家を見ていると、材料や素材（メディア）を駆使した実験性が面白いと思います。作家でいえば、横田大輔、Nerhol、小林健太といった方々です。

リリー： これは京都で入手した、藤井ヨシカツさんの（手作り）作品集です。日本では、撮った作品を表現するのに印刷で工夫して終わりではなく、素材や製本様式などさまざまな点で試行錯誤している感じがしますね。

ウェイイー： 写真という創作を通して「写真とは何か」を探究する。それは常に面白い命題です。「写真の本質」についてもっとたくさん議論し、「写真」を発掘し、空想し、創作すべきだと私は思います。人が写真について語るとき、ふつう語られるのは被写体についてです。つまり通常は「何を撮ったか」に注目しがちで、「写真そのもの」について考えたりはしません。現在、若手作家の多くが多種多様な仕方で「写真そのもの」を探究

張卉欣の作品集『A flower is not a flower』。

張照堂特集号（第10号）は表紙デザインを変えて（右）『VOP』で唯一の増刷となった。

台南芸術大学が発行するカルチャー誌『ACT』も本棚に。

しているように思うんです。何かひとつの題材を追いたくて撮影したものというよりは、「写真とは何か」という定義に挑戦するような実験的作品。とても面白いと思って見ています。

——日本だと写真界には東松照明、森山大道、中平卓馬、篠山紀信、荒木経惟といった、生きている方は80歳近い「大御所」がいて、その影響は若い作家にも連綿と続いていると思うのですが、台湾でも同じような重鎮が存在しますか？

ウェイイー： いますよ。ただし台湾の写真文化は何人かの巨匠が独占して形成してきたものではなく、各人が異なる立ち位置で努力し確立した総体としてあります。この軌跡を語るとなると一言では尽くせないのですが、代表的人物を1人挙げるとすれば、第10号まるまる使って特集した張照堂です。1943年生まれで今年75歳。彼の影響は台湾の若い写真家にも及んでいて、数年前まで大学で写真を教えていました。ちょうど今、国立台湾美術館で開催中の「回望——台灣攝影家的島嶼凝視 1970s-1990s」展のキュレーションも務めています。彼が特別なのは写真以外に数々の映画を撮っていて、何冊も本がある著述家でもある点です。台湾の写真に初めてモダニズムをもたらしたのも彼ですね。60年代のモノクロ作品が特にそうですが、張照堂の写真のイマジネーションはたしかに現実から掴み取ったものではあっても、そこに写し出されるイメージは純粋な記録や報道としての写真の役割を大きく超えていて、常に劇場感があります。彼の号は『VOP』の中で唯一増刷しました。本人が新たにiPhoneで撮影した写真を加えて、表紙も変えて出したんです。

ひとつ上の世代には彭瑞麟、郎靜山、鄧南光、張才、李鳴

Voices of Photography　攝影之聲

台湾の写真集出版について討論する「視線尋路」のページ。
『VOP』は特集によって中英バイリンガル表記を採用している。

鵬といった写真家たちがいて、1930〜50年代の台湾の写真教育の礎を築き、写真サロンや写実写真といったジャンルを作り出しました。張照堂も活躍する60年代になると……と続けるとやはり尽きないのでこの辺でやめておきましょう（笑）。

常に変化し続ける写真の生命を追いかけていく

——『VOP』は結局、誰のために作っていると言えますか？つまり編集時に想定しているのはどんな読者ですか？

ウェイイー： 第一の読者は私たち自身です。先ほども言ったように『VOP』の内容すべては写真に対する私たちの好奇心から生まれています。特集内でよく写真に関する文献資料を体系的にアーカイビングしているのは、私たち自身がそうした写真史の脈絡を振り返って整理したいからです。たとえば2014年に「抗議、行動與影像／Protests, Activism and Images」（第13号）という特集を組んで、日本や中国に対する抗議運動の歴史と写真との関係性をまとめたんですが、これも純粋に私たちの興味からです。センシティブなテーマなので中国当局から監査が入りましたけど。

リリー：「私たちのため」とはいっても当然、私たちと同じように写真について興味や好奇心が無尽蔵にあって、私たちと同じように写真を「読む」ことも好きな人に、さらに『VOP』が届いていくといいなと願っています。

ウェイイー： 実際、創刊してみてはじめて自分たちと同様の関心・興味を持つ読者がたくさんいることがわかりました。創刊号からずっと付いてきてくれる読者もいます。文字量が多い『VOP』とは、ある程度ともにじっくりと過ごす時間が必要です。写真雑誌だからといって、決してポスターのような瞬発的なメディアであるべきではないと考えているのです。

——日本では写真評論の文化は一段と廃れてきているように感じるので、『VOP』のように写真の本質を言葉で捉えていこうとする雑誌には大きな存在意義があると思います。そんなメディアを今後もさらに長く続けていくために、大切にしていることは何かありますか？

ウェイイー： 写真という媒体がそもそも常に変化するものだと思っています。科学テクノロジーと密接な関係にある創作メディアであり、さらには応用性のある芸術なので、写真にはいつも変化が起きています。フィルムからデジタルへ、今では一気にネットやVRの時代に突入し、写真はもうすでに昔とは違うものになっています。それはつまり、写真を日々追っている私たちにとっても常に未知なるものが誕生しているということです。写真は常に新しく、視覚には毎日新たなものが出現する。イメージの概念も絶えず更新され変動している。そこにはまだまだ追求していくべき領域と感覚がたくさんあります。終わりのない変化を観察し続けるのは、とても面白いです。

リリー： 私も写真という存在がつくづく面白いと思うんです。写真は撮影する写真家を通してテーマや議題を持って現れる。と同時に、写真を言葉で語ることによって理論として捉えることもできる。もしくは、写真に潜んでいる歴史を取り出して解読する楽しみもある。変な話ですが、写真の中には写真自身の語りたい言葉があるんです。それを追いかける私たちにとって、写真はひとつの生命体であり有機物です。

Voices of Photography　攝影之聲
http://www.vopmagazine.com/

159

nos:books

ノス・ブックス

ソンニさん画の『PEEP HOUSE』(左)と、活版印刷による黄海欣の超ミニチュア本『NOW IS THE PAST／現在過去式』(右)。

子供心で本の新たな「形」を掘り起こす出版ユニット

　東京アートブックフェアや池袋のブックギャラリーポポタムで異彩を放つ本を見かけた。マッチ箱サイズの本、ミニチュアハウスの形をした本、果ては本かどうかわからないリストバンドまで……。おもちゃのような、小さなアート作品のような、遊び心にあふれる「本」の数々。仕掛けているのはアーティストのカップル、ソンニさん（Son Ni／1984生まれ）さんとチーホイさん（Chi Hoi／1977生まれ）が台北で営む出版ユニット「nos:books（ノス・ブックス）」だ。ちょうど引っ越し中で取材できなかったが、1カ月半後、2018年のASIA BOOK MARKETに出店するため来日した2人に話を聞いた。

　「始めたのは2008年、先に私が漫画を描いて出版していたんですが、周りには才能あるクリエイターの友達がたくさんいるのに、自分1冊だけの営業のために同じ時間をかけるのはもったいないなって思ったんです。出版というかたちで広めていこうと、まずは知人から声をかけていきました」（ソンニさん）

　そこに2012年、香港出身のアーティスト、チーホイさんがサポートに加わった。最初は年に1〜2冊の出版だったのが、積み重ねて今では30冊ほどになる。すべて台湾のアーティストなのは「たまたま」だという。凝った作りにコストがかかるため、ほとんどは500部前後の少部数。売り切れても増刷はせず、すべて限定版。卸し先には好きな独立書店を選び、美術館にも置いてもらう。オンラインショップでは海外発送にも対応するが、2人は精力的に世界のブックフェアを周り、アメリカ、フランス、ドイツ、香港、日本（ポポタム、タコシェ、誠光社、Choice is yoursなど）、韓国、中国と、行く先々で現地書店のパートナーを広げていっている。

　「小さい頃からおもちゃや変わった小物を集めるのが好きでした。でも大人になるにつれ見かけなくなるのが寂しくて、だったら自分で作ってしまおう、って」（ソンニさん）と見せてくれたのが、1990年代の子供はみな持っていたというパッチンベルト風の商品「Snapping Bracelets／拍拍尺」。会場でも「なつかしい」と声を上げ買っていく人がたくさんいる。「メー

160

nos:books

開くと「グ〜ッド」と響く『Sounds Good』。

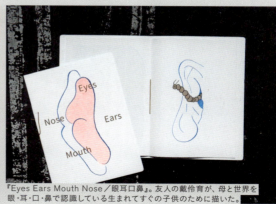
『Eyes Ears Mouth Nose／眼耳口鼻』。友人の戴伶育が、母と世界を眼・耳・口・鼻で認識している生まれてすぐの子供のために描いた。

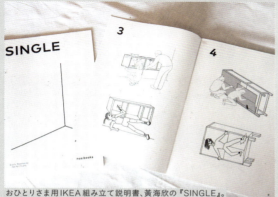
おひとりさま用IKEA組み立て説明書、黄海欣の『SINGLE』。

ソンニさん（左）とチーホイさん（右）はブックフェアでいつも一緒だ。

カーは毎回一から探します。この、小さな家の覗き穴の向こうにフィルム（ソンニさん制作のエロティックなコラージュ作品）をスライド投影して見せる本『PEEP HOUSE』は1950年代から続くドイツの老舗工房に発注しました」（チーホイさん）

「とはいえ、形式と内容のマッチングが何より大切です。たとえばバースデーカードみたいな音の出る本をずっと作りたかったんですけど、良い中身が思い浮かばなくて。去年やっとアイデアが閃いたんです」（ソンニさん）。彼女の描く「いいね！」のイラストが印刷されたカード型の本『Sounds Good』を開くと、「グ〜ッド」とまさに「いい感じ」の声が響く。最新刊はNY在住の台湾人アーティスト、黄海欣による『SINGLE』。普通は2人で組み立てるIKEAの家具を1人で作っておかしく遊ぶ場面が、実際の説明書を改変してイラスト化されている（1000部制作）。恐る恐るIKEAに聞いたところ、使用料なしで許可が取れて驚いたという。

「nos:booksの"nos"は私のあだ名の"son"の逆さま。音に漢字を当てた『挪石社』は『石を動かす』という意味。そういえば毎回たくさんの本を背負って海外に行くなあって（笑）。『愚公移山』という中国の故事がありますよね」（ソンニさん）

リソグラフを駆使し、描いて、デザインして、印刷して、切って貼って、製本して、梱包・発送して、DM作成もすべて自分たちで行なう。特にパソコンが不得意なソンニさんは「プロに比べれば10倍の時間がかかってますが、最終的に完成できればいいかな（笑）。将来なんて、次に誰と何を作るのか、目先のことしか考えられない」と笑う。

「愚公移山」は、巨大な2つの山を迂回するのに悩んでいた老人が、馬鹿にされながらも毎日少しずつ山を切り崩していった話。「固い意志があれば叶う」という寓意でもある。「好き」という愚直から発進し、手足を使って少しずつ積み重ねて行った先に、誰も見たことがない本の風景が立ち上がる。そんな2人の本作りに重なって見えた。

nos:books
https://www.nosbooks.com/

LIP

離譜

Yusuke Tanaka

田中佑典

Yusuke Tanaka　　田中佑典

INTERVIEW

「素人」の感覚を忘れず
日本と台湾を越えてアジアの
カルチャーをつないでいく

Editor / Cultural coordinator

田中佑典
LIP（リップ）代表
1986年生まれ　福井県出身

『LIP的台湾案内』で台湾観光をポップに更新した田中佑典さんと、その後まさかASIA BOOK MARKETの出店者を一緒にコーディネートすることになるとは思わなかった。「田中天使」がそこに招いた台湾の友人たちが本書の核になっている。東京・蔵前に「台感」をオープンし、台日系カルチャーの水先案内人としてさらに前進する彼の視線は今、東アジアの国々を広く捉えているようだ。夕暮れどきの台北で落ち合った。

「口から出まかせ」で始めた雑誌作り

　現在14号を数えるカルチャーマガジン『LIP（離譜）』の創刊は僕の大学時代、最初は『LIP SERVICE』という名前でした。日本大学芸術学部の文芸学科に通っていたんですが、周りは小説家志望ばっかりで仲間がいなくて、学校で暇を持て余していました。もちろん僕も本好きで雑誌は特に好きだったんですけど、当時学生が制作・発行するフリーペーパーはいくつもあるのに、有料の雑誌を作っている学生はいないなと思ったんです。『LIP SERVICE』という名前は「口から出まかせ」っていう意味。歯が1本抜けた唇の絵が雑誌のロゴで、それは実際に僕のコンプレックスだった。歯が抜けててもいいから、恥ずかしがらず、何か口に出してみる。本なんか作ったことのないど素人が「雑誌を作りたい」と大きなことを言う。それを自分で実現したいなと思ったんです。

　2006年の大学2年生のときに創刊号を1000部作りました。福井にある父の知り合いの印刷所にお願いして。その頃はCINRAがCDの形でフリーマガジン『CINRA MAGAZINE』を発行していたり、同年代だとのちにウェブメディア「KAI-YOU」を創設する武田俊さんが大学で『界遊』という雑誌を作っていたような時代。リトルプレスやZINEといった言葉もまだ定着していない頃だったので、1軒ずつ本屋を回って飛び込み営業です。無謀にも「1日でもいいんで『BRUTUS』のとなりに置いてください」なんてお願いしてましたね。最初は反応も厳しくてけちょんけちょんに言われてたんですが（笑）、ラフォーレ原宿の山下書店の店長さんが「これも本だから」と置いてくれたことが大きな励ましになりました。雑誌のコンセプトが「素人はプロの素」なんですよ。どんなプロフェッショナルだってみんな最初は素人だったと思うんです。固定してし

164

『LIP』最新号は2017年12月発行の第14号。

第11号の「女子最強。」特集。

まう素人とプロの垣根を壊したい。本屋で『BRUTUS』や『装苑』の横に初心者の作った本が並んでいる、という状況が僕のメッセージを具現化してくれます。

——『LIP SERVICE』はどんな内容だったんですか?

　全部模倣でしかないですよ（笑）。『Tokyo graffiti』とか、いろんなカルチャー誌の真似。ストリートでファッションが目立っている人、アーティストを目指している絵描きの学生など、各分野で頑張っている一般の人たちを紹介したりしていましたね。半年に1冊のペースで続けて、2009年に9号目を出したところでいったん『LIP SERVICE』を休刊しました。2008年くらいにYouTubeというものがあるらしいと知って検索してみたら、「あ、僕がやろうとしてることってこれでやれるわ」って思ったんです。ネットによって素人とプロの垣根がますますなくなっていくなと直感しました。僕の当時のネットワークは自分の住む東京近郊ばかりで、雑誌の話題も自分のコミュニティ内で完結してしまっていた。これはネットには敵わないし紙という形でやる意義も薄いなと思ったのが休刊の理由です。

　その後は大学のゼミの先生だった高橋幸治さんの見習いをしてました。編集長を務めていた『MACPOWER』(アスキー)の関連でアジアのクリエイティブ特集があったりして、高橋さんからアジアの魅力をいろいろ教わりました。彼が編集長を辞めて独立するのが僕が大学を卒業するタイミングと重なったんです。アシスタントとして1年ほどお世話になりました。

——それで、2012年の第10号から『LIP』として台湾に関するコンテンツに大きく舵を切るわけですよね。そのあいだに何があったんでしょう?

　学生時代から欧米よりもアジアがなぜか気になってよく旅行していたんです。そのとき上海の仕事をしていた高橋さんからも影響を受けつつ、これからはアジアだなと漠然と感じていました。そんな矢先の2009年、「Fancy Frontier 開拓動漫祭」という台湾版コミケに高橋さんのアシスタントとして取材に行ったのが、僕の初台湾でした。台湾大学を貸し切って毎年開催される大規模な同人誌のイベントで、その熱気に圧倒された。上海や北京や重慶、香港やタイにも行ったことはあったんですが、台湾にハマったのはやはり日本に近いところがあるからですね。夜市が典型ですが、日本での自分の日常とアジアの圧倒的な非日常が台湾では絶妙なバランスで混在していて、こっちにいると海外旅行に来ている感覚があるときもないときもあって、それが不思議でした。それが台湾の最初の印象ですね。

　「台湾で何かやりたい!」と思ったのは、こっちで新しく若いアーティストにたくさん出会う機会があったからです。2003年から台湾在住の青木由香さんは『MACPOWER』で台湾の連載があったご縁で高橋さんから紹介され、その青木さんからはカフェギャラリー「61NOTE」のオーナー・東泰利さんを紹介してもらいました。「何か面白いことを始める日本人」みたいな感じで、どんどん横に紹介されていく。台湾人だとバンド「透明雑誌」のメンバーや、本屋「下北沢世代」の2人組(デビッドとモニック)などに出会いました。

　61NOTEは『LIP』再出発の記念碑的な場所で、『LIP SERVICE』が『LIP』になる前の冊子『離譜 台湾特別号』の

台湾では日常と非日常が絶妙なバランスで混在している。

Yusuke Tanaka　　　田中佑典

世界中からZINEやアートブックを集めていた「下北沢世代」。11年目の2018年2月に惜しまれながらも閉店した。

リニューアル直後の『LIP』を支えたツヨシくん（左）。『LIP』第14号より。

リリースを記念して2011年にそこでパーティを開催しました。今までやってきたことを振り返り、これから『LIP』として台湾をテーマにしていく決意を載せた自己紹介的なフリーペーパーです。こうして翌年の2012年の第10号から『LIP』という誌名にリニューアルしました。

観光ではなくカルチャーの橋で日台をつなげる

――当時の日本に『LIP』のような台湾を紹介するメディアってあったんでしょうか？

　自分もそうでしたけど、その頃のメディアの台湾への視線って「週末台湾・小籠包・マッサージ」といった固定したものがほとんどでしたね。でも実際は61NOTE以外にも、カルチャー寄りのカフェや素敵な本屋やライブハウス、セレクトショップなど、日本のメディアが知らない台湾があったわけです。僕自身、そういう場に集う台湾のクリエイターや作家たちと実際に接することで固定観念がほぐれていきました。あるとき出会ったミュージシャンが紙ジャケットのすごくかっこいいCDをくれて、YouTubeでちらっと見せてもらったMVもイケてた。当時僕はまだ中国語が話せなかったんですけど、この人は絶対有名なプロだな、やったー！って喜んでたんです。けどCDを開けてよく聞いてみたらめちゃくちゃ下手で（笑）。どうやらバンドを始めてまだ半年だったみたいなんですね。
　日本人の感覚からすれば、演奏もうまくなってちゃんと音源が作れるようになって人気が出てきた頃にいざCDを作ろうかっていう、何年もかけた流れになると思うんです。なのに台湾人はそれを半年ほどでやってしまう。音のクオリティとか関係ない（笑）。デザインは友達が応援を兼ねてやってくれたって言う。そんなエピソードが、とりあえず雑誌を作ってみようと突っ走った自分の大学時代と重なったんです。とにかく作りたいんだって言う僕を芸大や美大のデザイン科の友人が手伝ってくれて、次第にチームができていったことを思い出して。台湾の人たちとは話が合いそうだって感じました。
　彼らの話を聞くと、日本が好きで日本に何か発信したい気持ちがある。でも、当時の日本の雑誌の中の台湾は「観光」というメガネから見た台湾でしかなくて、カルチャーという橋では日本と台湾は全然つながっていない。そこをつなげるのは面白そうだし、まだ誰もやっていないゾーンだからそれを僕が開拓していこうと思いました。日中、日台など、海を越えてバイリンガルで発信するカルチャー誌は当時ほとんどなく、紙でやる意義もあると感じて。ネットでの発信のほうが便利なように見えるけれど、紙という物理的な質感だからこそつながっている空気感を表現できるのでは、と。こうして「台日系カルチャー」という造語をこしらえることで『LIP』は台湾と日本をつなぐカルチャーマガジンとして生まれ変わったんです。

――その新生『LIP』は1人でやっていたんですか？

　まずはツヨシ（陳小剛）くんという、多摩美術大学に留学中で東京に住んでいた台湾人と一緒に、『LIP』フリーペーパーと第10号を作りました。彼は編集というよりデザイナーの役割でしたね。その頃はまだ日本では全然流行っていなかったFacebookを台湾人はみんなやっていると聞きつけて、台湾人の仲間探しのために自分も始め、そこで見つけた彼にメッセージを送ってナンパしました。その後ツヨシくんはバンダイに就職してLIPを辞めましたけど。台湾人って転職率が高くて、3年間同じ仕事をしていると「まだやってるんだ？」って言

166

「空間」を特集した第12号 (2014年) は
前号 (第11号) の版下を切り貼りしてレイアウトしている。

われるんですよ。さっきのミュージシャンみたいに見切り発車的にどんどん変化に対応していくのが台湾人の良さで、決めたことにこだわるよりも、うまくいかなかったら柔軟に変えていくんです。

　ツヨシくんのあとは西山美耶さんと第11～13号（2013～2015年）の3号をユニットでやりました。『LIP的台湾案内──こんにちは！新しい台湾』（リトルモア）というガイドブックも作りましたね。もとはアパレルショップの店長をやっていて、独立しようとしていたところをLIPに誘いました。彼女はイラストレーターとかをまったく使えないところが逆に面白いと思って。そこで2人で編み出したのが、そうした編集ソフトを使わずにワープロで文字を打ってそれをスキャンして切り貼りしていくという、とことんアナログな誌面の作り方。木の板を版下に文字を貼っていき、それを次号にも再利用していくことで、台日間の人と情報の行き来が物理的に蓄積していくことを可視化できると思いました。正直読み物としてはまったく読みにくいと思いますけど（笑）。『LIP』は日中バイリンガル表記ですが、中国語はネイティブの人に訳してもらっています。

── 書店にはどんなふうに卸しているんですか？

　『LIP』は今も1000部刷っていて、台湾と日本に500部ずつ流通させています。台湾では第10号から、もちろん最初は誠品書店といった大手に卸すのは無理だったんですが、独立書店を中心に販路を広げていきました。2012年当時すでにあった田園城市、下北沢世代など、個人経営の店です。それこそ「ZINE」という言葉もまだ台湾にはなくて、日本やヨーロッパのZINEが買えるのは下北沢世代（2018年2月に閉店）だけ、という感じでした。2014年に田園城市でヴィンセントさんが「ZineZineFair小書展」という日本のZINEの展示を開催したことがきっかけになって、その頃から台湾のZINE人口が増えてきて市民権を得ていきました。

　2013年頃から政府（文化部）もクリエイティブ産業を支援していこうという姿勢が強まり、こうした独立出版市場が拡大していくタイミングとちょうど重なりましたね。それまでの台湾は日本や欧米のトレンドを輸入する側に回っていて、新進気鋭のアーティスト自らが外に打って出ようとする感じではなかったんです。いま思うとこの2013～2014年のあいだに、台湾でも自分たちの力で発信していく独立系のムーブメントが一気に噴出した気がします。

──『LIP』の誌面を見ると台湾と日本の若きカルチャーの担い手がたくさん登場しますね。双方をつないで、それぞれに紹介することが目的ですか？

　台湾と日本のカルチャートレンドってわりと似てるんですよ。2013年の第11号は「女子最強。／Girl is Strong」という特集をやったんですが、その年に渋谷パルコでは若手女子クリエイターによるイベント「シブカル祭。」が始まる一方、台湾ではSNSを中心としたインフルエンサーやファッショニスタが増加し、さまざまなジャンルで個人が力を持ち始めた。たとえば女孩與機器人（The Girl and The Robots）やSKIP SKIP BEN BENなど、台湾でもすごく面白いアーティストは女子だったりして。翌年2014年の第12号は「空間」がテーマ。台湾でもArtQpieというクリエイティブチームが台中に「本冊Book Site」というスペースを作ったり、日本ではリノベーションカフェが増えてきたりした時期で、台湾独自の露店文化「擺攤（バイタン）カルチャー」などコミュニティを作る空間という

167

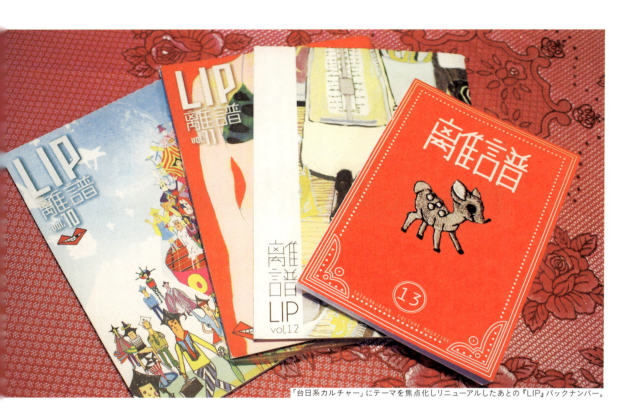

「台日系カルチャー」にテーマを焦点化しリニューアルしたあとの『LIP』バックナンバー。

ものに焦点を当てました。次の2015年（第13号）は「職」をテーマにして雰囲気も一新。2016年は『LIP的台湾案内』で手いっぱいで出せなかったんですけど、こうやってコンスタントにだいたい1年に1冊は出版してきました。それで昨年の2017年末に出したのが「最終号」（第14号）です。「台日系文化大爆発」という特集のもと、台湾で『LIP』を始めた2011年から現在まで、僕自身の台日交流の7年間の履歴を振り返りながら今の思いをまとめた『LIP』ベスト版のような号です。最後には「グッドバイ！台日系カルチャー」と題して次のように書きました。

「離譜とは『ありえない・常識外れ』というような意味があるが、僕はもう少し広い意味で字面のまま、『譜面を離れる』『逸脱』という意味で捉えている。逸脱することによってチャンスや可能性が生まれ、そこに新しい文化が生まれる。〔…〕自分のパソコンの過去のデータを見返していると、『どうして今台湾なのか？』とか『台日間のチャンス』というようなタイトルの企画書が出てきた。あの頃よりも間違いなく台日間の距離は縮まった。逸脱することには痛みや不安が伴うが、そこから生まれる新しいものを求めていきたいし、この雑誌名にはそういうメッセージを込めている」

——ということは、『LIP』はこれで終わりという意味ですか？

　雑誌のテーマだった「台日系カルチャー」を追うのは、これでおしまいです。もちろん今後も台湾を軸足にしながら他のアジア地域をつなげていく仕事は続けていくつもりで、次は「アジアリンガル・カルチャー」をテーマに掲げて2018年から新たな活動をスタートします。具体的には今年の夏に香港に「微住」（→126ページ）する予定です。韓国や中国などアジア各地に半年ずつくらい住んで回っていく実践です。僕ってつくづく自分の生活をネタに生きているなと思い、最近は「生活芸人」と名乗っているんですが、肩書はその時々で変わりますね。ライターやジャーナリストとも違う、まあ広い意味では編集者でいいのかな。ふざけているときは「天使」ですけど（笑）。

——雑誌編集のほかに、イベントの企画やコーディネートの仕事が増えてきたのはいつ頃からですか？

第14号（2017年）は「グッドバイ！台日系カルチャー」で幕を閉じる。

2017年12月に東京・蔵前にオープンした田中さんプロデュースの店「Taiwan Tea & Gallery 台感」。

増えてきたというよりは、それもやらないとご飯を食べていけないという切迫感からですね。台湾に行き始めた頃は川崎のバーでシェイクしながら渡航費を稼ぐ生活をしていたくらいですから。台湾のことだけで生活していけるようになったのはつい最近、2015年くらいからですよ（笑）。コーディネーターの仕事はたまに来るオファーが続いた結果です。2013年にガールズカルチャーが流行っていた頃、ファッション系のアプリSnapeeeを台湾にPRする目的で台北でのファッションショーを企画・ディレクションしたり、日本の音楽レーベルが台湾でボーカルオーディションをやりたいというので、審査員となる日本のミュージシャンや音楽プロデューサーをこっちに連れきたり、とか。

たしかに「『LIP』という台日系カルチャー雑誌をやっている田中」という評価のおかげかもしれないんですが、3〜4カ月に1回、そういったコーディネートの仕事が舞い込んできました。とはいっても、当時の僕は知名度も全然なくて、台湾側にも固定したパートナーはいないし語学も下手くそだったので、基本的に僕1人で企画からコーディネートまで担当するのは毎回心臓をえぐられるくらいのプレッシャーでしたね。それでも立ち向かってひとつずつ実績をつないで来れた自分を褒めてやりたいです。

――今はこんなに流暢な中国語も、そのときは全然話せなかったんですか？

ちょうどその頃から、勉強というよりは台湾に通いながら実地に習得していった感じです。ひたすら台湾のテレビを見たり、日本にいる台湾の友達を増やしたり。恥ずかしがらずにどんどんしゃべっていくのが何より大事ですね。座学は中国語検定を受けるときに一度やったくらいです。実は僕、台湾に住んだことはなくて、当時も半年に1回くらいのペースで行ってただけなんです。滞在期間もいちばん長くて3週間ほど。すごくしゃべれるように見えて、台湾人や中国人から見れば実際の語学力は片言です。たぶんボビー・オロゴンくらいですよ（笑）。普通の日本人の中国語よりは上手なので、よく香港人に間違われますけど。

もっと日常レベルで台湾文化を日本に溶け込ませたいと思って、昨年の12月には蔵前に「Taiwan Tea & Gallery 台感」を開いてプロデュースしました。+10（テンモア）やZISHIといった台湾で人気のブランドの展示を行なったり、台湾茶や中国語のワークショップを開いたり、台湾マッサージのポップアップをやったり、台湾の写真家・鄭弘敬くんの展示をしたり。魯肉飯や鉄観音ティーラテといった台湾メニューも人気で、台湾ではおなじみの朝ご飯、蛋餅（ダンピン）や鹹豆漿（豆乳スープ）も期間限定で提供したりしました。

――ここまで話を聞いてくると、田中さんは「素人の感覚」のようなものをずっと大事にしていることがわかります。

悪い意味でプロになりすぎないようにと常に気をつけてはいますね。台湾人も、すごく完成されたメジャーなものよりも、どこか欠けていて人間臭いインディーズっぽいものに対して愛情を注ぐ気質があるように思います。日本人がどうしてこんなにも台湾に惹かれるのかを考えていくと、ここ10年くらいの1ミリのズレも許容しないデザインとか頭でっかちなクリエイティブが息苦しくて台湾に行き着いたんじゃないかなあと思うんですよね。日本で「クリエイティブ」って言うと斜に構えてどこかダサく聞こえてしまう感じがありますよね。日本人は同

Yusuke Tanaka　　　田中佑典

2016年に出版した『LIP的台湾案内』はカルチャーの視点で台湾旅行のイメージを一新した。

取材は華山1914文創園区にある富錦樹のランドマーク店内のカフェで行なった。

じ漢字文化の中に絶妙に存在するそういった見切り発車的な感覚に共感しつつ、クリエイティブやカルチャーを素直に吸収して楽しむ台湾人や台湾をうらやましく思うんじゃないでしょうか。日本では味わえないものを味わうように。

——この数年間、台湾の中で起きている文化的な変化に何か特徴がありますか？

　台日系カルチャーをつなぐプレイヤーは僕以外にも増えてきて、日本で開催される台湾フェスも来日する台湾のミュージシャンも多くなりましたね。それこそ台湾という存在が日本人のあいだで日常化してきていると思います。その一方で、台湾では2年前（2016年）に総統が変わり、与党も国民党から民進党に（再度）交代し、中国大陸とある程度距離を保つ外交政策にシフトして国内がかなり不景気になったんです。行政と民間双方のレベルで、経済の頼みの綱はいま日本しかない状態。中心から見れば台日関係はすごく盛り上がって熟してきているように見えるんですが、一歩引いてみると、かなりぬるま湯に浸かっている状態だと僕は見ています。文化部が主催する「臺灣文博會」（文化博覧会）も去年からの変化が見られない。台湾のカルチャーは今、新しいものが生まれてこない状態。お金は回ってないのにどんどん日本人がやって来るから、なんとなくビジネスができてしまう。変化が面白いと思っていた台湾が、全然変化していないんです。

　逆に自力でやるスピリットはあるけど、お金がないからできない人もたくさんいると思います。そういうときに、たとえば韓国で同じ経験をして這い上がった人たちとつながれたら、台湾にも新しい息吹が生まれるんじゃないかなと。でも国のあいだの見えない壁もあるから、それはやってみないとわか

らない。わかっているのは、僕自身が一度ぬるま湯から出て、台湾の良くないところを喧伝するパフォーマンスをしないとダメだということ。いま台湾の文化が停滞しているんだよって、正直に言っていく。あえて台湾を見限ったみたいな態度で、これからは台湾人に嫌われようと思って（笑）。それこそが次の新しい空気になるんじゃないかな。その中で台湾の人たちが「もしかしたらそうかも……」って気づいてくれたら、というのが僕のメッセージです。すべては台湾を盛り上げるために。

——状況が良くなるなら嫌われてもいい、というそのモチベーションはどこから湧いてくるんですか？

　それは一生わからない気もするんですけど（笑）、アドレナリンが出るのは、出たがりな性格なので人に注目されるときなんです。あと、この間柄は僕がいないとつながっていなかったんだ、って感じるとき。この2つですね。だから語学も頑張れる。この関係は僕がいてこそ、という実感にすごく興奮します。正直、僕より台湾が好きで、僕より台湾に詳しい人っていくらでもいるんです。注目されること、そして、つなぐこと。これが僕の中ではモチベーションの最大の源です。

——それでも台湾がすごく景気が悪い状態には見えないんですが……。

　本当は景気が悪いのにそうは見えない、というのがいちばん悪い状態ですよね。本だけじゃなくて全般的に店で物が売れないのに、なんとなくビジネスが成り立ってしまっている雰囲気。店がどんどんオープンしている現状も、蓋を開けてみると経営者はみんなお金持ちだったりして。台湾のサラリー

田中さんの地元・福井への「微住」を勧める『青花魚』。写真は川島小鳥さん。

高雄へ「微住」した際にはキュウリ農家のもとで収穫を手伝った。

マンは月給が平均10万円前後くらいなのに、台北は家賃も物価も高くて東京と変わらなくなってきている。だから馬力のある人たちは中国や日本に出稼ぎに行くんですが、そこでうまくやっていけるのはやっぱり語学ができる人ですね。個人でやっている書店だって取材すれば「頑張っています」って言うはずですけど、経営の内実はとてもつらくて大変だと思いますよ。

　台日系カルチャーについて言えば、次は物ではなく人をつなげていく段階だと思っています。2020年の東京オリンピックや地方創生の流れで日本はいまアジアの人材を求める時期になっていると思う。ホテルといったサービス業以外にも特定の技術やクリエイティブが活かされる仕事の需要が増えています。そこに、才能や力はあってもそれを発揮するチャンスや経済力が台湾だけでは成り立たなくなっている台湾人をマッチングできるんじゃないかと考えているんです。

—— 田中さんもそんな人材マッチングを考えているんですか？

　地元の福井に『秋刀魚』の面々と一緒に「微住」して作った『青花魚（さば）』を今年の春に出版したんですが、その取り組みを延長して、今後日本でさらに増えていく移民の人たちと地方の中小企業とをマッチングさせて雇用を生み出せる気もします。観光地じゃない街に一度微住してもらって、その街を好きになってもらい、その土地の生活資源を活かして街を活性化させていく。結局は観光地でもない福井を、観光地と同じやり方で盛り上げようとしたってうまくいかない。そういうのは京都や金沢に任せればいいんです。田舎にとってはまず、雇用や生活の循環が大事。その場合、台湾人をはじめ移民に対するアプローチとして「微住」が鍵になると僕は考えています。日本人のあいだでも今後は台湾微住やアジア微住が流行ると思うんですよ。それを僕が率先して、お互いに情報を交換していくというわけです。アジア規模での人材シャッフルの始まりですね。

「アジアリンガル」として現代アジアの気分を編集する

—— 今回いろいろ話を聞いてきて、2014年のひまわり学生運動が台湾にとって大きな転換期になったように見受けられるんですが、田中さんはどう思いますか？

　それは日本でいう東日本大震災と比較されるような社会的大事件だったと思います。それ以前も自分たち台湾のものを海外に向けてアウトプットしていこうという動きはあったんですが、2014年以降は一気に、台湾人の魂の部分をもっとアピールしていこうという気風に変わりました。メイドイン台湾ならぬ「MIT」が当時すごく街中にあふれていましたね。それが内需となって、いっとき景気が上がったんですよ。台湾で作られたものを、台湾のクリエイターのものを買っていこう。台湾人同士で経済を盛んにする感じだったんですが、根本的には不景気なのでその動きも今はだんだん失速していますね。

—— 次のビジョンがいろいろあるとは思うんですが、田中さんのインプット元はどこですか？　やっぱり、人からですか？

**日本人のあいだでも
今後は台湾微住や
アジア微住が流行ると思う。**

Yusuke Tanaka　　　　田中佑典

台北の夕暮れどきを見下ろす。

　そうですね、人ですね。空気というか、鼻で感じてます（笑）。編集者って言語化やビジュアル化されていない社会の地層の一角を、どうやって地上の見えるところまで持ち上げていくかが仕事なんだと思います。僕は人とのコミュニケーションが好きなので、それをやはり人の感情を含めた全体の空気感から感じ取っていますね。なので、言葉は常に大事にしています。

　この前香港でお粥屋のおばちゃんに広東語で話しかけられて、普通話（標準中国語）で返したらその場の空気が一気に冷んやりと変わったんですよ。もちろん通じるんですけど、上っ面のコミュニケーションに堕してしまう。香港の人たちが本当に考えていることは広東語でアプローチしていかないときちんと吸い取れないんじゃないかと痛感しました。

　韓国人とだって英語で話せばたしかに情報の疎通はできたりするけれど、情緒を含めて本当に考えているところまでは至らない。ある国の言語と、その国の生活や風習は密接につながっていますよね。香港で通訳の人からこの前教えてもらったんですが、日本語の「愛想よく振る舞う」っていう言葉が広東語にはないんです。たしかにあのお粥屋のおばちゃんは愛想がなかったけれど、注文したお粥はすぐにやって来た（笑）。逆に愛想だけあってなかなか来ないよりはずっといい。香港に愛想という言葉がないのは、その概念がないから。やっぱり言語と社会、そして人とはつながっているので、各国の言葉をさらに深く勉強してその連関を理解していくことが次の目標です。アジアの今に生きる人たちが何を考えているのか、その国ごとの"気分"を編集していきたい。自分なりの仕方で、言葉から社会の成分を抽出していきたいんです。

――今後また紙の雑誌や本を作ることはありそうですか？

　20年後、30年後にどんな世界になっているのかわからないですけど、短期的には続けていきたいとは思います。さっき言ったように次は「アジアリンガル・カルチャーマガジン」として。最初は香港版になるかもしれませんが、2018年中に出せるかな……。でもまずは微住を通じて香港の気分が抽出できそうになってからですかね。本で儲けようとはまったく思っていなくて、本はあくまでも自分がやってきたことの名刺代わりというか、自分が積み重ねてきた時間の表現だと考えています。それが2006年からずっと紙の形で残っているって、すごいことです。紙というメディアの強さですね。

――自分のメディアが自分のライフヒストリーにもなっているということですよね。今後も1人でやっていく予定ですか？

　まだわからないです。もしかしたらアジアのどこかの誰かが見つかるかもしれないし（笑）。今後の肩書きは「アジアリンガル」。理想的には、どこに行っても仲間がいて小商いができる場所をアジアに5つか6つは作りたい。どの国に行っても面白く仕事ができて遊べる状態。それ全体が自分の職業だって言いたいですね。LIPを会社化しないの？ってよく聞かれるんですけど、人を雇って責任を負うのが本当に苦手なんです。今後も自分1人で食べていける範囲内で仕事をしていきたい。だから「一緒にやる」ということがあってもそれは「つなげていく」という意味です。じゃあ、遼寧街夜市に行きましょうか！

LIP　離譜
http://lipasia.galaxy.bindcloud.jp/

172

ASIA BOOK MARKET

ASIA BOOK MARKETはこれまでKITAKAGAYA FLEAの会場・クリエイティブセンター大阪の3階で開催。ここでしか買えない本が台湾・韓国・香港からもたくさん集まり、毎年2日間ともに盛況だ。

東アジアを「本」でつなぐ、大阪発のブックフェア

「アジアの本が集まるブックフェアを始めたい」。大阪に拠点を置くローカルカルチャーマガジン『IN/SECTS』代表の松村貴樹さんに呼ばれて集まったのは、2017年の2月だった。大阪・北加賀屋にあるクリエイティブセンター大阪（名村造船所跡地）で2016年以来、毎年春と秋に開催されてきたフリーマーケット「KITAKAGAYA FLEA」。その春の回に、台湾と韓国から10者ずつ（そして香港からも少し）出版社と書店を呼んでブックフェアを行なう。台湾はLIPの田中佑典さん、韓国は僕たち（内沼＋綾女に加え、編集者の古谷未来さん）が出店者をコーディネートすることになったのだった。

2017、18年ともに5月下旬は晴天に恵まれ、造船所の名残ある海辺に吹く初夏の風が気持ちいい。工場のような3フロアの1階には大阪を代表するカレー屋が集まり、2階は雑貨やフードやライブなどのエリア。3階が「ASIA BOOK MARKET」の会場だ。本書にも登場した朋丁、小日子、田園城市、THE BIG ISSUE TAIWAN、秋刀魚、VOP、そしてLIPと、台湾のエース級が一堂に介し、韓国からはTHANKS BOOKSやYOUR MINDなど、日本も北から南まで、合計およそ50の出店者が各自の本と言語を飛び交わさせる。台湾の隣に韓国、その隣には日本、とブースを国別に分けないことでコミュニケーションが生まれる。さて来年はどうなるか？ぜひライブや展示もやっていきたい。

ASIA BOOK MARKET　アジアブックマーケット
大阪府大阪市住之江区北加賀屋4-1-55
クリエイティブセンター大阪（名村造船所跡地）
https://kitakagayaflea.jp/

Arrival　　　　　　　　　　Shintaro Uchinuma

おわりに

　次の取材先に向かうためタクシーに乗ってしばらくすると、運転手がイヤフォンマイクで急にまくし立てるように何かを話し始めた。運転席の斜め前にスマートフォンが固定されていて、画面を覗いてみると株価のように見える。まさかと思ったが、同行していた通訳の方に尋ねてみると当たっていた。乗客を運びながら、電話で株の注文を入れているのだ。運転中も横目で値動きをチェックしていられるから、文字通りサイドビジネスとして、たしかに相性が良いのかもしれない。「台湾では株をやっている人は多いです。収入が少ないので、みな何かしら副業や投資をしていますね」と言う。

　本の世界においても例外ではない。台湾を代表するひとり出版社「逗點文創結社」の代表シャーキーが言うように（→68〜70ページ）、台湾の独立出版社の多くは、別の仕事と合わせて生計を立てている。「ワインの輸入販売」のように全然違う業種の人もいれば、別の出版社に勤めている人もいる。「ジャンルがかぶらなければ」とは言うが、どちらとも言えないジャンルの出版企画もあるだろう。そうした企画を、勤め先で本にするか、自らの出版社で本にするかの判断は、個々の倫理観に委ねられている。任された仕事さえやっていれば、傍らで別のことをしていたとしても、何の問題もない。多くの人がそうやって生活しているから、それが当たり前だということなのだろう。

　その目的は、きっと収入だけではない。タクシー運転手にとっての株式投資はともかく、ワインの輸入販売をしている人にとっての出版は、おそらく収入よりも自己実現のほうが目的として大きいだろうと想像する。生活のための収入を本業で確保しながら、あるいはその収入の一部をつぎ込んででも、人生の幸福のための仕事を副業で追求する。片方が思い通りにいかないときも、もう片方の存在が心の支えになる。金銭面だけではなく、精神面のバランスを取るためにも、副業を持つことの意義は大きい。

　一方で、副業としてではなく、複数の事業の掛け合わせでひとつの複合的な事業を展開する例も目立つ。冒頭に出てくる「朋丁」（→10ページ）においては、ギャラリーの運営とアートブックの販売とが一体化している。出版社として始まった「田園城市」（→90ページ）は、並行して書店を運営し、そこにカフェとギャラリー2つを併設している。低迷していた雑誌『小日子』（→24ページ）は、同じ「小日子」のブランドで雑貨店やカフェを始めたことで経営がV字回復した。みな、ひとつのことだけにこだわらない。同じ空間の中で、同じブランドの元で、複数の事業を組み合わせることによって相乗効果を出す。それぞれの事業から少しずつ収益を生みだすことで全体として成立させ、継続していく道を模索する姿が印象的だ。

　もちろん、副業も複合型も、日本でも珍しいことではない。けれど日本で、副業として書店や出版社をやっているなどと言うと、趣味や道楽だろうと軽く見られがちだ。また、雑貨を売ったりカフェやギャラリーを併設したりする書店を揶揄する言説も根強い。けれど台湾では、そのような空気はいっさい感じなかった。むしろ、副業であるからこそ今良いと思える本だけを出版できることや、複合型であるからこそ空間やブランドを維持し続けられることに、みなが誇りを持っているように思えた。副業や投資が、普通の人の生活においても一般的な営為からなのだろう。最近やっと「働き方改革」の名のもとに副業の解禁が奨励されるようになったり、ファイナンスを学校教育に加えるべきだという議論が盛んになったりしてきている日本でも、徐々に見方が変わってくるのかもしれない（あるいは逆に、ひとつのことにこだわることが美しいとさ

れる風潮が、浸透の足枷となるのかもしれない)。

　本書は『本の未来を探す旅 ソウル』の続編にあたる。日本や韓国と、台湾との大きな違いは、背景としての「大陸」の存在だ。ルーツを同じくして、近しい言語を使い、違う国家体制のもとに暮らしている人々が、海の向こうに何十倍も住んでいることが、台湾特有の出版事情を生み出している。簡体字と繁体字という字体の違いがあるとはいえ、それは読まれうる差であり、そのまま海を越えて届けることができるのだ。『小日子』や『秋刀魚』などの雑誌は、その発行部数のうち半分を中国、香港、シンガポール、マレーシアで売っているし(→29ページ、121ページ)、同じ「小日子」の名前で雑貨や飲食などの店舗も展開しているローラは、いずれ大陸にも店を作りたいと言う(→35ページ)。一方で『VOP』の2人が言うように、内容によっては中国当局の監査が入ることもある(→159ページ)。大陸への進出は、特に政治的な表現において、その自由度とトレードオフの関係にある。

　しかしそのように大きく違う背景をもってしても、同じアジアの小国同士、直面している困難には通じるところが多い。東京で書店と出版社を営む者として、その中で生き延びている個人に学ぶところが大きいのは、ソウルに続く台北でも同じだった。本をどのように作り、どのように届けるか。その点において特に目から鱗が落ちたのは、『THE BIG ISSUE TAIWAN』である(→40ページ)。日本でも見かける『THE BIG ISSUE』と共通の仕組みを前提条件としているにもかかわらず、隣の国でこんなにも違う雑誌になっているとはまったく想像していなかった。そして彼らの手掛けるもうひとつのメディア『週刊編集』(→50ページ)が、現代における新聞というフォーマットの魅力を再発見しているのもすごい。何十年にわたってどんなに見慣れてしまったものも、現代のとびきり新鮮な目で見ることさえできれば、そこにはその時代にふさわしい何かが隠れているのかもしれないと思えた。

　世界各地で、昔ながらの書店の経営が厳しくなる一方で、インディペンデントな本屋が少しずつ新たに立ち上がり始めている。いちばん聞こえてくるのは英語圏の話題だが、アジアの書店を巡ってみると、それもどこか牧歌的にさえ感じる。インターネットが普及し、本や本屋が必ずしも生活に必要でなくなった現代においては、一定の読者がいるにもかかわらず言語人口が少ない国こそが出版の「課題先進国」だというのが、ぼくと綾女さんの仮説だ。より厳しい状況に置かれているぶん、より優れたアイデアが生まれやすい。

　本書の取材をしていた2018年4月は、ちょうどここ3年にわたって準備してきた3冊目のぼくの単著『これからの本屋読本』(NHK出版)の執筆も大詰めを迎えていた。本書の取材に大いに刺激を受けた内容が、そちらにも反映されていることをお断りしておく。6月に出版されたばかりだが、さっそく韓国語版が出ることは決定した。なお2018年3月には『本の未来を探す旅 ソウル』の韓国語版も出版されている。本書も含め、それぞれ韓国語版や台湾版が出ることで、よりお互いを知り交流を深める機会になればという目論見もある。

　さて、次はどこに行こうか? 香港か、北京や上海か、それともシンガポールか?

2018年11月　内沼晋太郎

My Place In Taipei　私の好きな台北

本書に登場した方々に、台北市内で好きな場所を聞きました。

1. 優の咖啡

2. 初訪　true from

3. 菩薩寺／維摩舎

イーチョウ・チェン
朋丁
P.010

1. 1974年からある、大好きな麻油鶏飯(ゴマ油風味の鶏蒸しご飯)を定食スタイルで出す喫茶店。 2. すべてが絶妙で心地良いカフェ。週末の夜にはバーに。水出し茶に似た爽やかなカクテルが味わえる。 3. 私の実家がある台中から。植物が生い茂る外観は、とても伝統的なお寺には見えない。横の維摩舎は不定期で展示を行なっていて、市街地にあるオアシスのような存在。

1. 渣男　Taiwan Bistro

2. trio 餐酒館（華山1914文創園区入口）

3. 水源市場

ローラ・リュウ
小日子
P.024

1. 台湾の国民的ローカルフード滷味(ルーウェイ。台湾独特の調味料を使ったおでん)を楽しめる珍しいバー。 2. 華山の小日子に行った帰りに必ず寄るお店。「カクテルの父」と呼ばれるバーテンダーが作るアールグレイカクテルはマスト。 3. 公館夜市の中心にある市場。ランチ用に果物を買っていくのも大好き。店主に代わって行列をきれいに整えるのが私の得意技です。

1. chenjingkai office

2. 大安森林公園

3. Powder workshop

ウェイティン・リャン(右)
THE BIG ISSUE TAIWAN
P.040

1. 細部まで自分好みにオーダーメイドできるシューズ店。大学時代にここを知ってから一生懸命お金を貯めてマイシューズを作りました！ 2. 予定のない休日はここで遊ぶ子供たちや散歩している犬を眺めながら暇をつぶしています。この公園にいる人たちは特に幸せそう。 3. 集中したいときにいつも訪れるカフェ。カウンターがいちばん好きで、テーブルと椅子の高さがちょうどいい(とても重要です)。

1. 民權運動公園棒球場

2. 自宅の屋上

3. 擎天崗(陽明山国家公園内の丘)

ファインス・リー
週刊編集
P.050

1. よくこの野球場に静かに座って子供たちの練習を見ています。午後の時間を丸ごと費やしてしまうことも。 2. どんなときでも屋上に上れば、気持ちをうまく切り替えられます。 3. 大自然と触れ合いたいと思ったときに行ける、台北近郊のアウトドアスポット。

My Place In Taipei

1. 通南印刷

2. 高傳真 studio

3. 西門町洛陽停車場頂樓
（西門町洛陽駐車場の屋上）

シャーキー・チェン

逗點文創結社

P.060

1. 本を出版する過程の中で、印刷の段階がいちばん好き。印刷所の輪転機の音を聞くと、夢が叶った実感がする。 2. 讀字書店以外の僕の頻出スポット。光と影の変化について学べるし、本で使う素材が美しく撮れるとすごくうれしいんだよね。 3. 考えごとをするのに最適な場所。朝早くに来ると台北の目覚めを一望できるんだ。

1. 台北植物園

2. 真善美電影院

3. 明星咖啡館

アゾナ・ホー（右）

OKAPI

P.074

1. 100年以上の歴史を持つこの植物園は、他の公園とは一線を画す景観と雰囲気を醸し出しています。 2. 20年続くアート映画館。西門町駅6番出口すぐとアクセスも良く、ハリウッド映画以外の選択肢も豊富。 3. 台北でロシア料理が食べられる数少ない老舗。作家や詩人の常連客も多く、台湾文化の発展を70年近く見守ってきました。1階ではパンやお菓子も販売しています。

1. 阿田麵

2. 人和園

3. 金品茶樓

ヴィンセント・チェン

田園城市

P.090

1. 赤峰街にオープンして70年経つ昔ながらの麵店。シンプルな陽春麵（ヤンツェンメン。スープだけの具なし麵）はスープが美味しくて、ほっと温まります。 2. 細やかで伝統的な雲南料理（中国雲南省の地方料理）が味わえて、日本人にも人気。 3. 有名店・鼎泰豐に決して負けない美味しいオリジナル小籠湯包がおすすめ。（写真は別の料理）。

1. 誠品生活南西 深夜電影院

2. 誠品畫廊

3. 誠品行旅 The Chapter Café

シャイン・リン+
エミリー・ヤン

誠品書店

P.106

1. 誠品生活南西5階にあるシアターは週末には「深夜映画館」に変身。無線イヤフォンとゆったりした座席で良質な映画鑑賞ができる。 2. 1号店と同じく1989年に設立されたギャラリー。アジアの現代アーティストたちを育ててきた。 3. 松山文創園区の豊かな緑に面したカフェ。暖かみのある赤煉瓦にレトロなモノクロ写真を組み合わせたインテリアの中で、世界各国の本格料理と特製カクテルが味わえる。

※写真は原則、本人撮影のもの

181

My Place In Taipei　私の好きな台北

本書に登場した方々に、台北市内で好きな場所を聞きました。

1. 朋丁

2. 田園城市

3. 松菸誠品電影院

エヴァ・チェン（右）

秋刀魚
P.116

1. 仕事でインスピレーションがほしくなったときに必ず訪れる場所。来ると新しいアイデアが生まれるから。 2. 『秋刀魚』創刊時から本を置いてもらっています。業界の先輩・ヴィンセントさんと出版の未来について語り合う秘密基地。 3. 毎週デジタルリマスター版やクラシック映画を上映していて、名作をスクリーンでもう一度楽しめる。何よりチケットが大型チェーン映画館より安い。

1. A宰羊羊肉爐

2. 詹記麻辣火鍋

3. 鄭南榕紀念館

シャオツー

小子
P.136

1. 数多くの音楽関係者が愛する羊肉爐（ヤンロールー。羊肉の鍋）。炒めて食べても美味しい、お気に入りの店。 2. この数年、台北で爆発的に流行っている麻辣火鍋店。ここの火鍋は四川のものとは違う台湾風味で、事前予約は必須！ 3. 台湾の民主化など社会や歴史に関する展示が多数開催されてきたアート展示スペース。一度は必ず行ったほうがいい場所。

1. 福和橋跳蚤市場

2. 唐山書店

3. 大屯山助航站

ウェイイー・リー＋
リリー・チェン

Voices of Photography
P.150

1. 新店渓のほとりにあるフリーマーケットエリア。時間をかければ骨董や古本、古着や雑貨など面白いものがたくさん見つかる。 2. 1980年代から現在に至るまで思想文化を地下から伝え続けてきた独立書店。 3. 陽明山国家公園内の大屯山頂にあって、台北の街を見晴らせる。どの季節に訪れても異なる景色を楽しめて、悩みを忘れさせてくれるスポット。

1. 台南意麺

2. 萬華夜市

3. 新豪釣蝦廣場

田中佑典

LIP
P.162

1. 大好物の汁なし意麺（湯げちぢれ麺）。台南名物だけど、台北でいちばん美味しいのは台湾の渋谷、西門にあるこのお店。 2. たくさんある夜市の中でもいちばん好き。龍山寺近くにあり、他の夜市以上に地元のおじちゃんおばちゃんがいて、ローカルな雰囲気がたまらない。 3. 『LIP』第14号の表紙の撮影場所にもなったエビ釣り屋。釣ったエビはその場で塩焼きで食すのが台湾スタイル。

※写真は原則、本人撮影のもの

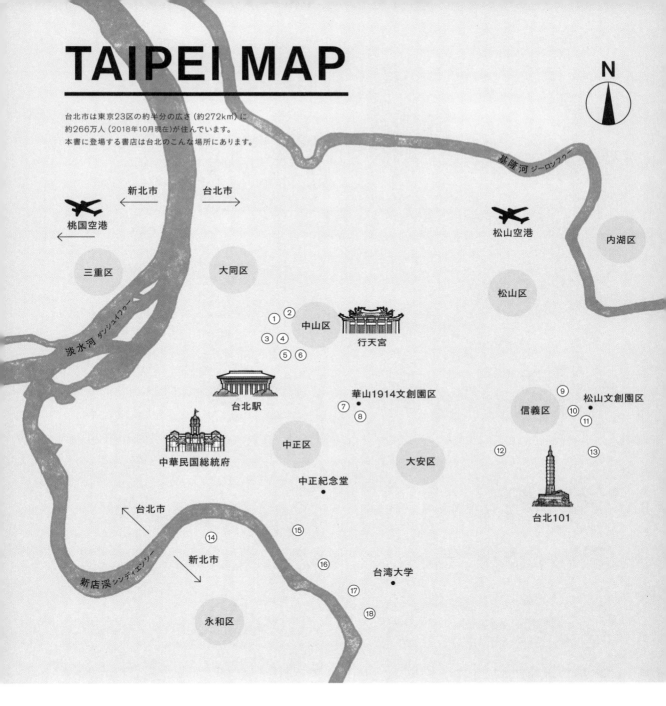

① 詩生活
② 田園城市
③ 荒花
④ 誠品R79
⑤ Waiting Room
⑥ 朋丁
⑦ 青鳥書店
⑧ 小日子 華山店
⑨ 漢聲巷
⑩ 誠品書店 松菸店
⑪ 閱樂書店
⑫ 誠品書店 敦南店
⑬ 誠品書店 信義店
⑭ 小小書房
⑮ 讀字書店
⑯ 舊香居
⑰ Mangasick
⑱ 小日子 公館店

謝辞

本書の制作と刊行にあたり、
とりわけ下記のみなさんに感謝いたします。

台北の本屋と出版への扉を開いて、取材先との連絡も
フォローしてくださった、LIPの田中佑典さん。
通訳しながら一緒に楽しく台北を駆け回ってくださった、
洪蕙玲さん、林佩姿さん、王捷偉さん、陳鏡閔さん。
現地の出版・文化事情について興味深い話を
たくさん教えてくださった杉山建志さんはじめ
台湾東販の方々、富錦樹の小路輔さん。
そして、いつだってじっくりと、惜しみなく話してくださった
——本書に登場する台北のみなさん。

ほんとうにありがとうございました。再見！

内沼晋太郎（うちぬま・しんたろう）
1980年生まれ。ブック・コーディネーター、
クリエイティブ・ディレクター。NUMABOOKS
代表、下北沢「本屋B&B」共同経営者。
著書に『これからの本屋読本』(NHK出版)、
『本の逆襲』(朝日出版社) など。

綾女欣伸（あやめ・よしのぶ）
1977年生まれ。朝日出版社で編集職。共編
著に『本の未来を探す旅 ソウル』、編集に内
沼晋太郎『本の逆襲』ほか〈アイデアインク〉、
武田砂鉄『紋切型社会』、九螺ささら『神様
の住所』など。

山本佳代子（やまもと・かよこ）
フォトグラファー。参加写真集に『Tokyo
Halloween』。主な仕事はミュージシャンのCD
ジャケットやプロフィール写真など。
http://www.kayokoyamamoto.com/

本の未来を探す旅 台北
BOOK REVOLUTION IN TAIPEI

2018年12月10日　初版第1刷発行

取材・執筆	内沼晋太郎　綾女欣伸
写真	山本佳代子
イラスト	カワハラリョウ
ブックデザイン	大西隆介＋沼本明希子 (direction Q)
編集	綾女欣伸　仁科えい　内沼晋太郎
編集協力	田中佑典　平野麻美

写真提供　朋丁 (p.18、p.19下、p.21右)、小日子 (p.32)、THE BIG ISSUE (p.47左／撮影：盧
昱瑞)、逗點文創結社 (p.66右)、博客來＋OKAPI (p.77右、p.78右、p.80右、p.81)、誠品書店
(p.111左、p.113左)、田中佑典 (p.165左、p.168、p.169右、p.171右)、和田政憲 (p.15右、P.56
右、p.166右)、綾女欣伸 (p.87右、p.166左)

発行者　原 雅久
発行所　株式会社朝日出版社　〒101-0065　東京都千代田区西神田3-3-5
Tel. 03-3263-3321　Fax. 03-5226-9599　http://www.asahipress.com/
印刷・製本　図書印刷株式会社

©Shintaro Uchinuma, Yoshinobu Ayame, Kayoko Yamamoto 2018　Printed in Japan　ISBN978-4-255-01084-7　C0095　乱丁・落丁の本がございましたら小社宛にお送り
ください。送料小社負担でお取り替えいたします。本書の全部または一部を無断で複写複製 (コピー) することは、著作権法上での例外を除き、禁じられています。